t r   a   n   s
p o s i t i o n s

T0351505

Bernard Stiegler & Mehdi Belhaj Kacem

Philosophies singulières

Conversation avec Michaël Crevoisier

diaphanes

© DIAPHANES
Paris-Zurich-Berlin 2021
ISBN 978-2-88928-066-7

www.diaphanes.fr

Nous avons conversé dehors, malgré tout

Ce n'était pas la première fois que Mehdi Belhaj Kacem et Bernard Stiegler allaient discuter ensemble, l'enjeu n'était donc pas celui d'une rencontre. Il s'agissait plutôt d'apprendre à se connaître et mon rôle était celui d'un intermédiaire, une sorte de truchement ou d'intercesseur, facilitant la conversation. Bernard nous invitait chez lui, à Épineuil-le-Fleuriel, durant les derniers jours d'août 2019. La beauté du lieu et la généreuse hospitalité de Bernard devaient participer des bonnes conditions de la discussion. En cette fin d'été, après plusieurs semaines de canicule, l'atmosphère était encore lourde et le lieu éprouvé par la chaleur. Deux jours consécutifs, notre conversation a suivi la course du soleil, cherchant l'ombre que le vent, annonçant déjà l'automne, a pu rendre agréable. Ce qui fut dit alors, et que vous pourrez lire dans ce livre, n'est pas tout à fait séparable de ce climat.

À l'issue de ces journées, Mehdi et Bernard étaient convaincus qu'il serait opportun d'envisager une publication. Benoît Robin, alors assistant de Bernard à l'Institut de Recherche et d'Innovation, que je savais connaisseur des deux œuvres et qui avait accepté de nous accompagner afin d'assurer la bonne marche technique de la conversation, proposa généreusement de commencer la transcription – qu'il en soit ici remercié. Mehdi prit le relais, révisa ses propos, puis je chapitrai et lissai le tout avant de l'envoyer à Bernard. S'il me semble important d'apporter ces précisions, c'est en raison de l'événement, désormais constitutif de ce texte, qu'a été la mort tragique de Bernard, survenue dans ce même lieu un an plus tard. Car, dans nos échanges autour de la transcription, il me dit vouloir compléter certains points, mais la maladie a rapidement réduit sa capacité de travail, modifiant ses priorités, de telle sorte qu'il ne put terminer. La transcription a été relue, mais la réécriture n'a pas été achevée. C'est pourquoi nous avons décidé qu'il ne s'agirait pas, à proprement parler, d'un entretien ou d'une discussion, au sens où ces termes désignent habituellement des ouvrages dont la transcription a été entièrement réécrite, reformulée, réfléchie *a posteriori*, en vue d'une certaine rigueur proprement scripturale qui, inévitablement, échappe au flux de la libre parole. Toutefois, en réécoutant les captations audios, par la magie de la parole enregistrée, il est évident qu'il n'y a pas là qu'une simple archive. Ce livre n'est pas un témoignage, c'est une vision, plus ou moins partagée, où parfois l'on voit double, flou ou net, mais toujours avec une profondeur dans laquelle résonne une certaine idée de la philosophie.

Le texte établi se tient donc au plus près de la voix, au risque d'une syntaxe quelquefois syncopée, d'un langage et de tournures souvent familiers, de parenthèses anecdotiques ou circonstanciées, et c'est en ce sens qu'il s'agit davantage d'une conversation. Par conséquent, son intérêt est peut-être moins à chercher dans la rigueur démonstrative du propos que dans la vigueur, la franchise, mais aussi la légèreté et la vitesse de l'échange. Bien que, dans le fond, persiste une véritable exigence de pensée qui s'explique par le fait qu'il y est question de thèses et de concepts qui sont les résultats de réflexions déjà menées. D'autre part, la vivacité des échanges fait qu'en certains moments la parole se tend jusqu'à porter la pensée dans la phrase au-delà du réfléchi, vers le nouveau. Il s'y trouve comme un élan, nourri d'un travail à l'œuvre : le matin, Bernard écrivait le deuxième tome de *Qu'appelle-t-on panser ?*[1], et Mehdi avait l'esprit occupé à terminer son livre, *Système du pléonectique*[2]. Cet élan du moment a porté la conversation, comme le climat du lieu l'a inscrite dans une époque. En faisant le choix de les donner à lire dans certaines scories de la transcription, c'est-à-dire dans l'oralité et la désinvolture propres à une conversation, c'est donc à ce dehors du texte que le lecteur peut accéder, afin, peut-être, de pouvoir mieux saisir l'idée qui le traverse.

Par ailleurs, ces journées étaient préparées. Mehdi et Bernard se sont lus et j'ai tâché de proposer une liste de thèmes et de questions, à l'intersection des deux œuvres, permettant à chacun d'expliquer sa position, avec pour espoir qu'au gré des reliefs de la conversation, les parallèles se touchent. L'affinité de leurs philosophies m'a toujours semblé relever d'un étrange rapport, comme si leurs convergences étaient enfouies sous leur singularité, comme si l'analyse de leurs œuvres respectives tendaient toujours à nous maintenir en elles-mêmes, épuisant par là nos efforts visant à relever des

---

1 Bernard Stiegler, *Qu'appelle-t-on panser ?*, t. 2. *La leçon de Greta Thunberg*, Paris, Les liens qui libèrent, 2020.
2 Mehdi Belhaj Kacem, *Système du pléonectique*, Paris/Berlin, Diaphanes, coll. « Anarchies », 2020.

identités ou des différences externes. Certainement est-ce là une propriété des œuvres d'ordre systématique. Cependant, l'étrange, ici, est que la raison de ce parallélisme ne tient pas au fait que nous aurions affaire à des œuvres closes sur elles-mêmes, mais plutôt que, dans leur ouverture même, elles offrent un dehors à la fois commun et singulier : une même époque, une même idée de la philosophie, mais dont l'analyse ne les donne à comprendre que selon des différences irréductibles.

Afin d'établir cette liste de thèmes, ma stratégie a consisté à partir de la raison commune de la singularité de leur philosophie, avec pour hypothèse qu'il s'agirait de la trouver dans le fait qu'ils sont entrés dans la philosophie en dehors de l'Université. Le point de départ de la conversation, pensé comme points d'intersections, a donc consisté en un texte, préambule thématique, que je leur ai livré. C'est leur accord commun sur ce texte qui a celé le rendez-vous.

Peut-on s'entretenir en dehors de l'Université ? Le champ académique est construit de telle sorte que la communication entre les pairs est intégrée dans les pratiques de recherche, pour le meilleur comme pour le pire. Mais, dans le hors champ de cette recherche, existe-t-il une marge, un dehors, un bord où, à défaut d'une communauté, une autre communication pourrait avoir lieu ?

Historiquement, les exemples de pensées non universitaires ne manquent pas. Mais il est toutefois remarquable que depuis l'insti-tutionnalisation universitaire de la pensée philosophique, dont Kant en aura été la figure inaugurale, la plupart, pour ne pas dire toute la philosophie, se sera située à partir de l'Université. Que ce soit grâce à une formation universitaire ou contre la manière de penser que cette formation implique, le rapport à la philosophie produite par l'Université est déterminant. Cette situation de fait (mais Kant nous rétorquerait certainement qu'il s'agit plutôt d'une nécessité en droit) signifie que l'élaboration de ce qu'on appelle « philosophie » en passe inévitablement par l'Université : implicitement par des titres d'auto-rité ou, sans que cela soit exclusif, explicitement par une réflexion critique sur cette situation.

Rarement les philosophes dont la formation s'est faite à l'écart de l'Université ne se sont véritablement entretenus. La force du champ universitaire polarise la réflexion de sorte que ceux qui, à sa marge, cherchent à faire de la philosophie autrement, ne peuvent le faire qu'en regard de ce pôle actif de la pensée. C'est en cela que la philosophie non universitaire peut sembler marginale. Pourtant, une telle compréhension de la « philosophie », opposant pôle et marge, ne risque-t-elle pas elle-même d'appartenir à un point de vue universitaire ? La difficulté est que, ce que nous appelons encore « Université » s'est transformé, de sorte que, peut-être, la déconstruction de son identité en serait arrivée à un point où l'idée que cette institution puisse encore constituer un pôle se trouve ruinée. Plus encore, dans cette perspective, ce qui semble aujourd'hui entre-tenir « philosophie » et « Université » ne serait plus qu'une Idée ou une histoire, l'une et l'autre se renvoyant la garantie de leur réalité sans qu'il ne soit plus vraiment possible de nous assurer de leur consistance propre. Soyons clairs, nous croyons fermement que cette Idée et cette histoire sont encore, et surtout aujourd'hui, ce qu'il importe de tenir. Mais, peut-être aussi que, désormais, pour qu'une telle position soit tenable, il est devenu nécessaire qu'elle soit en même temps en prise avec ce qui, du dehors de l'Université, s'avère contribuer au fait qu'on y croit encore. Seulement, faut-il encore pouvoir saisir ce en quoi pourrait consister un tel dehors. En ce sens, il devrait être temps, pour ne pas dire logique, que la pensée philosophique dont l'existence ne vient pas de l'Université, s'entretienne à son tour, révèle sa consistance. D'une part, parce que ce serait le bon moment, la bonne époque pour que cette pensée trouve sa légitimité, et d'autre part, parce que le sens même de la philosophie, de ce qu'elle devient, pourrait en dépendre.

Compris ainsi, c'est un même problème qui détermine la déconstruction de l'Université et qui rend nécessaire notre entretien. Dans le fond, la philosophie, en tant qu'elle serait essentiellement institutionnelle, est peut-être le nom de ce problème, et votre questionnement commun résiderait dans l'exigence critique qu'il est nécessaire de tenir pour penser ce problème. Penser que faire de la philosophie est un problème, voilà la raison critique qui déborde l'universitaire – au point où il lui arrive de préférer passer par-dessus bord, de ne plus se reconnaître dans la philosophie, de faire autre chose. Cela se comprend, car ce risque de débordement est peut-être aussi ce qui nourrit à la fois son angoisse et une possible liberté. Or, c'est certainement sur cette même bordure externe, où se joue un tel débordement, que la philosophie qui ne vient pas de l'Université, mais qui se trouve iné-

vitablement attirée par elle, reconnaît, pour elle-même, la nécessité de la pensée. En effet, la difficulté et la force d'une telle position en bordure de la philosophie universitaire, est de trouver en elle-même la légitimité de pouvoir se dire « philosophie », sans se conformer à l'a priori institutionnel. Pour cela, je propose l'hypothèse, à vous lire, que cette prise de position implique que quatre points doivent être tenus, avec pour idée que ceux-ci nous permettront d'organiser thématiquement les axes de notre entretien : 1) trouver et adopter une position réflexive afin de saisir l'époque à travers soi ; 2) poursuivre la tâche critique ; 3) élaborer un système conceptuel ; 4) affirmer que l'enjeu de la philosophie n'est pas la philosophie.

Michaël Crevoisier

Philosophies singulières

Première Partie

Au commencement était la crise

Éprouver la crise pour l'enregistrer

La crise et l'institution

Michaël Crevoisier : En guise d'introduction, je commencerai par préciser quelques éléments concernant l'intention de cette conversation. D'abord, rappelons que de grands entretiens vous ont déjà été consacrés, notamment avec Élie During pour Bernard[1] *et Philippe Nassif pour Mehdi*[2]*, lors desquels ont été présentés vos parcours biographiques et philosophiques*[3]*. Il apparaît donc inutile que nous reprenions ce type de questions. Ensuite, je ne crois pas, non plus, qu'il serait pertinent de chercher à comparer vos œuvres en dressant la liste des identités et des différences, car il n'est pas certain que cela soit propice à un véritable échange. Il s'agira plutôt de vous interroger sur des thèmes qui mettent en jeu la singularité de votre rapport à la philosophie. Singularités qui, par définition, sont incomparables, mais parallèles, au sens où Jean-Luc Nancy parlait de « différences parallèles » à propos d'un entretien qu'il a organisé, mais qu'il n'a jamais pu réaliser, entre les penseurs de la différence que sont Gilles Deleuze et Jacques Derrida*[4]*.*

---

1 Élie During et Bernard Stiegler, *Philosopher par accident. Entretiens avec Élie During*, Paris, Galilée, coll. « Débats », 2004.

2 Mehdi Belhaj Kacem et Philippe Nassif, *Pop Philosophie. Entretiens*, Paris, Perrin, coll. « Tempus », 2008 (rééd.).

3 Ajoutons également que Michaël Crevoisier a dirigé un numéro de la revue *Philosophique* (*Mehdi Belhaj Kacem. Rencontre & Enjeux*, PUFC, coll. « Annales littéraires », 2014) consacré à l'œuvre de Mehdi Belhaj Kacem, dans lequel se trouve un entretien (p. 13-40), ainsi qu'une bio-bibliographie complète (p. 149-161). Disponible en ligne, URL . https://journals.openedition.org/philosophique/867.

4 Jean-Luc Nancy, « Les Différences parallèles (Deleuze & Derrida) », dans Marc Crépon (dir.), *Derrida, la tradition de la philosophie*, Paris, Galilée, coll. « La philosophie en effet », 2008.

En ce sens, je crois qu'il est possible que nous nous donnions cette idée directrice : la singularité de vos manières de faire de la philosophie tient d'abord à votre rapport à la philosophie, et votre rapport à la philosophie a ceci de particulier qu'il échappe, plus que pour d'autres, à ce que Derrida appelait la « présupposition institutionnelle[5] ». En effet, vous avez un rapport libre à la philosophie : l'institution philosophique n'est pas pour vous un a priori à l'exercice de la philosophie – au sens précis où votre formation philosophique ne s'est pas faite sur les bancs de l'Université et que, par conséquent, vous n'avez pas à vous en sortir. Ainsi, je souhaiterais qu'on puisse comprendre en quoi cette position particulière que vous avez par rapport à la philosophie, d'une part vous rendrait libre, et d'autre part, paradoxalement, vous permettrait de continuer quelque chose qui a commencé avec Kant : la critique. Car, en effet, tous deux, vous revendiquiez un exercice critique de la philosophie, au moment où beaucoup l'ont abandonné, explicitement. Par là, et pour commencer, nous pouvons donc nous intéresser au fait que vos philosophies sont singulièrement d'ordre critique.

Mais, avant de rentrer dans le détail de ce que pourrait vouloir dire la dimension critique de vos œuvres, il m'a semblé aussi, à vous lire, que le sens qu'il y aurait encore à faire de la philosophie critique aujourd'hui, ce serait, d'abord, qu'il y a une nécessité philosophique à enregistrer la crise. Donc, plutôt que d'attaquer directement en vous demandant « qu'est-ce que la critique ? », je vous demanderai : pourquoi vous semble-t-il que la philosophie peut et doit enregistrer la crise ? Ainsi, Mehdi, dans ton œuvre, cette capacité philosophique à enregistrer la crise vient d'abord du fait que cet enregistrement suppose une sensibilité aiguë aux affects de l'époque, dans la mesure même où cette époque serait en crise. Si on suit ton parcours, d'Esthétique du chaos[6] à tes derniers ouvrages, il y a ce mouvement qui est à la fois un mouvement d'épreuve de la crise à travers les affects, et de rationalisation de ces affects.

Mehdi Belhaj Kacem : Ouh là là. Il y a beaucoup de questions dans ce que tu dis… Je comptais, à tout seigneur tout honneur, laisser la

---

5   Jacques Derrida, *Du droit à la philosophie*, Paris, Galilée, coll. « La philosophie en effet », 1990, p. 16.

6   Mehdi Belhaj Kacem, *Esthétique du chaos*, Paris, Tristram, 2000.

parole à Bernard, mais comme c'est moi que tu interpelles, je vais essayer de répondre. D'abord, le risque ici serait de trop psychologiser le mot crise, comme l'a fait à mon avis Tristan Garcia à mon sujet, en me définissant comme « l'homme de la crise[7] ». Pour éviter ce piège, il faut peut-être plaider coupable dans un premier temps. Je suis complètement d'accord avec Badiou quand il dit que la philosophie, c'est une singularité universalisée. Donc il est évident, avant de répondre à cette question de l'affect, avant d'être à l'écoute des affects de l'époque – je ne comprends jamais très bien ce qu'on me dit quand on me dit ça – que cela signifie : être à l'écoute de ses propres affects, être « égocentrique », au sens où Badiou me disait, d'Héraclite ou de Nietzsche, qu'ils étaient très « égocentriques ». Mais on pourrait le dire de Parménide ou Husserl aussi bien.

Donc on part de ses propres affects, on part de ses propres pathologies, et cette pathologie est, par exemple, en effet, une allergie à l'Université, à toute fonction professorale ou contexte scolaire, peut-être d'ailleurs plus « grave » dans mon cas que dans celui de Bernard, mais nous aurons peut-être l'occasion de nous y arrêter. Mon allergie à l'Université remonte à des traumatismes d'enfance, c'est donc un peu en abyme : on part d'un affect pathologique, a-normal. L'indépendance par rapport à l'Université, avant d'en faire une arme, et en effet une liberté, qui est la simple possibilité de dire des choses qu'il serait impossible à dire dans un cadre académique, c'est une pathologie. Pour prendre un exemple tout à fait concret, et qui fait écho à une autre dimension de ta question.

Mais ensuite, c'est la question de l'universalisation de ces affects, de ces pathologies, qui compte. C'est-à-dire : qu'est-ce qui, de la petite, de la minuscule crise personnelle, répond à une crise époquale. Avec Nietzsche et Heidegger, on peut appeler cette crise l'ère du nihilisme, mais j'ai fini par m'inscrire en faux contre ce diagnostic et ce concept même de nihilisme, pour faire porter l'accent sur un concept plus ancien, quoique à mon avis mal traité par la tradition philosophique : le concept de Mal. Concept que je trouve plus précis et plus large à la fois, on aura l'occasion d'y revenir et d'en discuter. La crise doit dans mon cas – je parle là non du travail

---

7 Tristan Garcia, « Critique et rémission », postface à Mehdi Belhaj Kacem, *Algèbre de la tragédie*, Paris, Léo Scheer, 2014.

publié, mais de mon *Système du pléonectique*[8] – la crise à la fin doit donner un aperçu de nos situations ontologiques – même si je me méfie de l'adjectif et que je préfère dire nos situations époquales – mais il s'agit en effet de dire à la fin quelque chose d'ontologique sur notre état de crise absolue, de désastre, comme disait Blanchot, ou de disruption comme dit Bernard. Je partage avec Schürmann – autre immense penseur de la crise – le diagnostic qu'une telle crise ne peut avoir que des racines beaucoup plus profondes que celles dues à quelque contingence époquale, que cette crise procède de ce qu'il y a d'ontologiquement plus profond dans l'événement, le surgissement de ce qu'on appelle l'être humain, dès ses racines paléolithiques.

De façon à ce que même la crise est en quelque sorte surmontée, à la fin, par une vision proprement philosophique – et non psychologique, justement – des choses. Ce que je reproche entre autres au concept du nihilisme, notamment chez Nietzsche, c'est qu'il est tout de même très psychologisant. Sans valoir consolation de ce qu'il y a d'absolument désastreux dans notre situation époquale, il explique quand même la part – je fais un clin d'œil nietzschéen, même si c'est à contrecœur – d'*amor fati*, d'amour du destin. Ou plutôt, pas d'amour du destin, pas de forme de consolation et de consentement, mais tout simplement de compréhension, de la raison pour laquelle nous en sommes arrivés à cet état désastreux. Quelles sont les coordonnées ontologiques ? Et ça me vient comme on en parle : c'est peut-être en comprenant le caractère « nécessaire » de ce qui nous arrive que nous pourrons, à l'intérieur de cette fatalité, voir se dessiner une contingence (Bernard appelle ça néguanthropologie), nous permettant de sortir d'une situation que tout, pour le reste, annonce sans issue.

En ce sens, j'admets volontiers faire partie de tous ces philosophes négativistes, de tous ces collapsologues, de tous ces catastrophistes... qui estiment que la situation est très probablement désespérée. Ça a été un long chemin de croix pour moi que de traverser ce désespoir, ce nihilisme, jusqu'à l'envie de cesser complètement d'écrire. Mais, en ayant fait cette traversée du désert contemporain,

---

8   Ouvrage publié depuis : Mehdi Belhaj Kacem, *Système du pléonectique*, Paris/Berlin, Diaphanes, coll. « Anarchies », 2020.

à la fin il y a, justement, une vision ontologique des choses qui fait que... quelque part, ça *devait* être comme ça, ça *devait* aboutir à la situation où nous nous trouvons aujourd'hui. Et que, quelque part, si on examine les facteurs de déclenchement de cette énième crise – car nous sommes loin d'être dans la première, il s'agit en quelque sorte d'une crise gigogne accompagnant le périple humain comme tel, mais où ce serait un jeu de poupées russes inversées, où la crise qui révèle la précédente serait toujours « plus grande » que ce qu'on croyait précédemment être la crise. Par exemple, je fais le pari, contrairement à beaucoup de philosophes, que ce n'est pas simplement en se tournant vers le Bien qu'on pourra s'en sortir, mais en examinant au contraire le seul phénomène du Mal. En mettant autant de soin, au fond, phénoménologique, à l'examen du Mal, de ce qui nous a amenés à cette crise époquale, que les philosophes, avec la sophistication qu'on sait, n'en ont mis à l'examen prescriptif du Bien. Mettre autant de sérieux dans la description du Mal que les philosophes traditionnels n'en n'ont mis dans la description du Bien.

MC : Mehdi propose que l'enregistrement de la crise passe par une description de la nécessité de la crise. Est-ce que pour toi, Bernard, cette description, qui constitue également une grande partie de ton travail, est en elle-même ce qui permet d'enregistrer la crise ? Ou devons-nous penser qu'il y a dans cette crise autre chose que, disons, pour reprendre le concept de Mehdi, le Mal, et que, précisément, c'est cette autre chose qu'il faudrait décrire ?

Bernard Stiegler : Mehdi a dit l'essentiel à l'instant là-dessus. Il y a une nécessité. La question, c'est celle de la nécessité. C'est toujours la question de tous les philosophes, de toute façon. Aucun philosophe n'est un philosophe à proprement parler s'il ne pose pas, à un moment donné, la question de la nécessité, indépendamment de ses vertus, si j'ose dire. Il y a une nécessité, et toute la question est non seulement de la décrire, mais aussi de l'inscrire. Car je fais partie de ceux qui croient que toute description est inscriptive, en réalité. Aucune description n'est possible sans être plus qu'une description, sans être déjà une inscription.

Alors, avant d'enchaîner sur ce que vient de dire Mehdi et sur ce que tu viens de relancer, Michaël, je voudrais revenir sur ce qui, pour moi, est une question vraiment centrale, la question de la crise de l'institution. Bien entendu, on peut discuter aussi du mot crise, avec par exemple Derrida parlant d'une crise qui est plus qu'une crise, etc. ; disant que la déconstruction n'est pas une critique, pour telle et telle raison – je ne vais peut-être pas développer cette question tout de suite, mais nous y reviendrons plus tard.

La crise, donc. Moi, j'aime ce mot de crise : *krisis*, c'est énorme, on pourrait dire que c'est le point de départ, quelque part, de la philosophie. Qu'est-ce qui se passe sur le plan institutionnel ? Qu'est-ce qui fait, d'ailleurs, que Derrida, a créé le Collège international de philosophie ? J'ai un certain nombre de critiques à faire sur cette institution, ou cette contre-institution, comme Derrida l'appelait, mais Dieu merci pour moi qu'elle ait été créée, si j'ose dire, car cela m'a permis, quand je suis sorti de prison, de faire un séminaire, etc., de travailler, tout simplement. Il faut tout de même des points de rendez-vous, et le Collège m'a donné les moyens de travailler à un moment où il fallait par ailleurs que je travaille.

Il y a une crise de l'institution considérable : en France, pas seulement, mais en France surtout l'institution est dans un état de délabrement absolument inouï, qu'on n'aurait jamais imaginé il y a ne serait-ce que trente ans. Il y a trente ans, ça semblait être le contraire, ça semblait être plein de promesses, même s'il y a eu des luttes, le GREPH, la réforme Haby, etc. Mais, qu'est-ce qui fait que l'institution paraît épuisée ? Et qu'est-ce qui fait que Derrida a tenu un discours sur ce qu'il appelait la contre-institution ? J'en ai un peu parlé avec Petar Bojanić, un philosophe serbe, récemment, puisqu'on a fait une séance de séminaire là-dessus. Eh bien, c'est complètement lié à l'histoire de la philosophie. C'est-à-dire que ce qui se passe aujourd'hui, ce dont on parle aujourd'hui, sous les termes d'anthropocène, d'apocalypse, etc., et qui est quelque chose d'absolument *incommensurable*, il n'y a aucun point de comparaison, nulle part...

MBK : Il n'y a pas de point de repère dans la tradition. On est obligés de relire la tradition à la lumière de ce que tu appelles l'incommensurable. La question de la nécessité, elle est là.

BS : Tout à fait. On ne peut pas se permettre d'écarter ni l'apocalypse au sens religieux, notamment l'apocalypse de saint Jean, ni la récusation de cette référence. C'est ce que j'ai fait tout l'été, j'ai lu les apocalypses, juives et chrétiennes ; mais en même temps on est obligé de lire les récusations de ces références apocalyptiques. C'est ce que j'appelle l'apocalypse immanente, aujourd'hui. C'est lié à toute une histoire, qui est l'histoire de l'Occident, et l'histoire de l'Occident, c'est l'histoire de la philosophie, que ça nous plaise ou pas. C'est là que Heidegger et Derrida sont nécessaires : c'est quand même cela qu'avant tout ils ont posé.

Ayant dit cela, moi je suis un institutionnaliste, c'est-à-dire que je pense qu'il faut de l'institution. Je pense qu'en plus nous sommes en train de vivre un moment extraordinairement grave, où par exemple, Facebook veut créer sa monnaie, veut créer aussi sa cour suprême. Une *cour suprême* ! Ils ont employé ce mot. Amazon est en train d'installer ce qu'un chercheur américain appelé Frank Pasquale a appelé « la souveraineté fonctionnelle[9] », qui est, à mon avis, plutôt une souveraineté de l'efficience. Enfin, je ne vais pas faire d'incise là-dessus mais… c'est magique, Amazon ! C'est de la magie !

Donc on est à la fois dans une régression magico-je-ne-sais-quoi, et en même temps dans des références théologico-je-ne-sais-quoi, ce qui fait qu'aujourd'hui, ce qui m'importe est de considérer la question de l'institution et du rapport de la philosophie à l'institution non pas comme *a priori* mais comme *a posteriori*. Aussi passé-je mon temps à créer des institutions, j'ai créé l'Institut de Recherche et d'Innovation, j'ai créé une école ici[10], etc. Et je parle bien d'*institutions*. Pourquoi ? Parce que je pense que Facebook et Amazon ne seront jamais des institutions, pour une raison très précise : c'est qu'ils ne peuvent pas incarner la supériorité de la noèse. Par là, je me rapproche de ce que disait Mehdi, mais en faisant d'abord un petit détour, ou plutôt un petit point. J'ai publié il y a un an *Le nouveau conflit des facultés et des fonctions*[11]. Je pense que dans cette

---

9 Cf. Frank Pasqual, « *From Territorial to Functional Sovereignty: The Case of Amazon* », publié sur le Blog *Law and Political Economy*, le 6 décembre 2017 (URL : https://lpeblog.org/2017/12/06/from-territorial-to-functional-sovereignty-the-case-of-amazon/).

10 Cf. *Pharmakon.fr*, l'école de philosophie d'Épincuil.

11 Bernard Stiegler, « Le nouveau conflit des facultés et des fonctions dans l'Anthropocène », postface à *La technique et le temps*, Paris, Fayard, coll. « Essais », 2018 (rééd.).

longue histoire de la philosophie, qui est l'histoire de l'Occident, il y a des périodes, et il y a la période ou l'époque kantienne, où Kant revient à la fondation de l'Université à l'époque de Frédéric Barbarossa, la fondation de l'Université onto-théologique, disons. Il pose que la grande question, désormais, est celle de la réarticulation des facultés[12]. Je pense que ça a été d'une efficacité extraordinaire. C'est la théorie de l'anthropocène. Pas *comme* anthropocène, bien entendu, mais, en fait, c'est ce qui va servir de théorie à l'anthropocène et, derrière, Hegel, Marx, Nietzsche, etc., Nietzsche étant à la limite. Je pense qu'aujourd'hui nous vivons l'effondrement de ces facultés, et qu'il y a ce que j'appelle un nouveau conflit des facultés, où il s'agit d'articuler les facultés inférieures, c'est-à-dire intuition, imagination, raison, etc., et facultés supérieures, médecine, droit, théologie, philosophie, avec des algorithmes qui produisent un entendement automatisé. C'est-à-dire que ce n'est plus une faculté, c'est une fonction automatique, qui *explose* ces trucs-là.

Quand je dis cela, c'est sans mépris, car je respecte beaucoup la philosophie institutionnelle, je lui dois beaucoup ; de toute façon, tout ce dans quoi je travaille passe par elle... Par exemple on ne peut pas lire tout Hegel, tout Leibniz, tous les Stoïciens donc on passe par Émile Bréhier, on fait ça tout le temps. On a un peu honte, en se disant qu'on ferait mieux de lire les originaux, mais c'est comme ça, on ne peut pas lire tous les originaux, c'est impossible. Et ne serait-ce que pour ça, nous devons en passer par l'institution. L'institution amène d'abord cette fonction d'établir les textes, les sources, les trucs et les machins, donc d'établir un socle de confiance. J'ai confiance dans Émile Bréhier, même si je peux ne pas être d'accord.

(MBK opine).

On peut en penser ce qu'on veut, mais je sais en le consultant que ce n'est pas un rigolo qui raconte n'importe quoi. Il a étudié les sources, etc. Maintenant, toute cette structure institutionnelle est discréditée, c'est l'ère post-véridique : les étudiants sont tous dégoûtés, dégoûtés de *ce qui ne leur arrive plus*, et qui nous est

---

12 Cf. Emmanuel Kant, *Le conflit des facultés*, trad. J. Gibelin, Paris, Vrin, coll. « Libraire philosophique », 2000.

arrivé à nous parce que, même si on n'est pas passés par les bancs, etc., on a quand même rencontré des soleils, des espèces d'astres qui semblaient être des toutes-puissances. Et puis tout à coup, ça s'est effondré.

Le désespoir

BS : Ayant dit cela, je voudrais enchaîner sur ce que tu disais, Mehdi : la question, c'est le désespoir. Aujourd'hui, on ne peut pas ne pas parler au désespoir. La responsabilité de n'importe qui, pas seulement philosophe, père de famille, ami, c'est de soigner le désespoir de l'autre. Et là, c'est l'affect. Aujourd'hui, l'affect fondamental, c'est le désespoir. On se fait massacrer quand on dit ça, il ne faut surtout pas le dire parce que c'est performatif ! Quand on dit ça, on serait désespérant, on créerait une épidémie, etc. Eh bien, ce n'est pas vrai du tout. Le désespoir, si on ne le nomme pas, on ne le soigne pas. Donc ce n'est pas du déni ; ce qu'il faut combattre, c'est le déni du désespoir. Alors je ne vais pas parler des gilets jaunes et tout ça, mais enfin, on en est là. Ce dont tu parlais, Mehdi, en 2005 sur les émeutes, c'était déjà ça la question[13].

Par exemple, ici à Épineuil-le-Fleuriel, il y a beaucoup de gilets jaunes, mes beaux-parents étaient sur les ronds-points à Montluçon, etc. Pratiquement tout le monde, ici, est allé sur les ronds-points. C'est le désespoir. Maintenant, la grande question qui se pose est de revisiter ça, mais à partir de quoi ? On utilise toujours des leviers en toute chose, et moi, le levier que j'utilise d'abord, c'est la question du registre. Parce que, pour enregistrer, il faut des registres. Donc, tant qu'on n'étudie pas les registres, c'est-à-dire ce sur quoi on écrit, le magnétophone sur lequel on enregistre, etc., et tant qu'on n'a pas compris que le XXIe siècle c'est le siècle de l'enregistrement, – Facebook par exemple vit de tout enregistrer – alors on ne comprend pas qu'on ne peut rien enregistrer du tout. Et ça, c'était le problème que j'avais avec Lyotard. Je dis cela parce que tu as employé un mot Michaël, tout à l'heure, « enregistrer la crise » ; Lyotard donnait un

---

13 Mehdi Belhaj Kacem, *La Psychose française. Les Banlieues : le Ban de la République*, Paris, Gallimard, coll. « Hors série », 2006.

nom à ça : témoigner ; il appelait ça : témoigner du différend. Or, je lui rétorquais que, pour témoigner du différend, il faut étudier les registres, parce que les témoins sont enregistrés. Lyotard l'a pris au sérieux, d'ailleurs, puisqu'il parlait dans *L'inhumain* de cette discussion que nous avons eue. Mais en fait, ce travail n'a pas été fait. L'université ne le connaît pas, ne veut pas en entendre parler, ou alors de manière anecdotique. On va faire les *memory studies* et… du bricolage. Mais on ne met pas cela au cœur de ce que j'appelle le nouveau conflit des facultés.

Ayant dit cela, et je conclus là-dessus, sachant que la question du désœuvrement m'intéresse énormément et j'espère qu'on aura l'occasion d'y revenir, je pense que la discussion que j'aimerais qu'on arrive à avoir, c'est une discussion sur deux thèmes. D'une part, le nihilisme, sachant que dans le premier tome de *Qu'appelle-t-on panser*[14]?, j'ai essayé de réinterpréter de fond en comble ce qu'on appelle « nihilisme », à contre-courant de tout le monde à peu près. Et d'autre part, le calcul, et l'incalculabilité, sachant que ce point est lié à la question de l'espoir, car, qu'est-ce que l'espoir ? Outre l'adage populaire qui consiste à dire « l'espoir fait vivre » – et c'est ce que ma mère disait chaque fois qu'on commençait à tirer le diable par la queue, c'est-à-dire quand il n'y avait plus de pognon pour acheter à bouffer, donc patates aux oignons jusqu'à la fin du mois. C'est une façon de dire l'essentiel, en fait. Il faut avoir des motifs d'espérer. Pour moi, la pensée, la raison, c'est ce qui donne des motifs d'espérer. Or, ces motifs d'espérer, aujourd'hui, ils ne peuvent plus être onto-théologiques, parce que nous sommes post-entropie, nous arrivons après l'entropie, c'est-à-dire que nous ne pouvons plus espérer théologiquement en l'entropie. Par contre, il faut cultiver improbablement ce qu'Héraclite appelait l'inespéré. Donc, moi je crois que ce qui fait que nous avons les mêmes points de fuite passe par là, ça passe par la question du Mal, bien sûr, mais aussi par la question du Bien. Décrire le Mal, c'est déjà le soigner. Mais ce n'est pas poser le soin du Mal d'abord comme prescription, sur le mode « voilà ce qu'il faudrait faire ».

---

14 Bernard Stiegler, *Qu'appelle-t-on panser ?*, t. 1. *L'Immense Régression*, Paris, Les liens qui libèrent, 2018.

MBK : Je vais revenir sur cette question de l'institution et de la crise, rembobiner un peu, c'est comme si j'étais déjà en train de réécrire le livre (*rires*), mais en direct... Cette question de la critique, quand même, elle commence avec Kant. Et critique veut dire : lire les textes. C'est-à-dire qu'à partir de Kant, on est dans une situation extrêmement ambiguë, pour revenir à cette question des institutions. C'est-à-dire que nous devons tous et tout à Kant – en ce moment on essaie de s'en débarrasser à peu de frais et à grand bruit – c'est-à-dire qu'il est le père d'absolument tout. Par « tout » j'entends la philosophie universitaire. C'est à partir de Kant que la philosophie devient presque exclusivement universitaire, et le reste encore aujourd'hui à 98 %. Je n'ai aucune naïveté sur cette question-là : la philosophie *a besoin*, depuis plus de deux siècles, d'institutions, c'est comme ça. Il existe de rares exceptions, qui se sont appelées : Kierkegaard, Schopenhauer, Marx, Nietzsche, Benjamin, Blanchot, Bataille ou Debord. Mais, si on prend au cas par cas, Schopenhauer doit tout à Kant, Kierkegaard doit tout à une lecture négative de Hegel, Marx doit tout non seulement à Hegel mais à Kant, la philosophie de Marx est une philosophie *critique* à point nommé de part en part, Nietzsche doit beaucoup à Schopenhauer donc à Kant, et ainsi de suite. Benjamin avait tout lu, autant que Heidegger, donc la question ne se pose pas, Bataille doit énormément à la lecture de Hegel par Kojève, Blanchot doit presque tout à Heidegger, Debord tout à Hegel derechef... même les exceptions sont dépendantes de la vie universitaire. Pour prendre mon petit cas, si je n'avais pas lu Hegel, Heidegger ou Badiou, je n'en serais pas là, je ferais justement partie de ces autodidactes... Deleuze dans son abécédaire[15] dit que c'est dangereux, l'autodidactisme, et ça j'en suis parfaitement conscient.

Donc, la question de l'institution est extraordinairement complexe depuis Kant, c'est-à-dire que même ceux qui font exception en sont partie liée. Et, soit dit en passant, avec, justement, des troubles, des pathologies subjectives très graves (*rire*), on aura peut-être l'occasion d'en parler. Je fais ce détour parce que ça ne me paraît pas du

---

15 Pierre-André Boutang (réal.), Gilles Deleuze et Claire Parnet (interviewer), *L'Abécédaire de Gilles Deleuze*, Paris, Montparnasse, 2004.

tout être une autre question que celle du nihilisme, d'un côté, et que celle du calcul, de l'autre.

Ce que je voudrais ajouter là-dessus, c'est ce que, tardivement, dans mon travail récent, j'ai pris en considération. Et peut-être que c'est là qu'il faut parler des identités et des différences avec Bernard car c'est une identité très forte, le fait que je partage absolument le postulat de base du travail de Bernard, à savoir : l'oubli originaire, par la philosophie, de la question cruciale de la technique. Tout interpréter à partir de ce qui est, pour moi, la grande trouvaille, la trouvaille centrale du travail de Bernard, et qui est la rétention tertiaire. Tout réinterpréter par rapport à ça. Comme la différance de Derrida a « marché », comme la différence ontologique de Heidegger a « marché », en leur temps. Je fais la même chose que Bernard, mais d'une tout autre manière, c'est-à-dire tout éclairer à partir du questionnement sur la technologie. Là-dessus, notre dette à l'égard de Heidegger est insolvable.

L'autre point, c'est qu'à partir de Kant la philosophie devient universitaire parce qu'elle devient commentaire de la philosophie. Elle devient philosophie de la philosophie. Plus que philosophie au premier degré. C'est ce que je voulais dire par rapport à l'état actuel de mon travail : avec le *Système du pléonectique*, j'aimerais renouer avec une tradition qui parle directement des choses mêmes. Les modèles d'écriture sont *L'Éthique* de Spinoza, *Le Monde comme volonté et comme représentation* de Schopenhauer, et *L'Introduction à la lecture de Hegel* de Kojève, des livres qui donnent la sensation d'entrer de plain-pied dans la philosophie, qui ne prennent pas de détours. Sans que ce soit quelque chose de dédoublé. Alors, je n'y réussis pas complètement, il y a encore beaucoup de commentaires de philosophes, et je me demande parfois si je ne devrais pas réduire le livre à 500/600 pages dans un style extrêmement formulaire, où il n'y ait, à la Spinoza, que des descriptions conceptuelles : définitions de concepts et définitions par concepts, au sens organique du terme, au sens de l'*organon* d'Aristote. Voilà pour le rapport à l'institution.

Tout ça, c'est une parenthèse un peu « *rewind* » par rapport à ce qu'on disait tout à l'heure. Maintenant on va se porter en avant. Là, c'était le moment de la rétention, place à la protention, à se projeter en avant par rapport à ce que disait Bernard à l'instant.

La solitude et l'autobiographique

MC : Avant d'aller plus loin, je souhaiterais reprendre un point concernant la question de la crise. L'institution est toujours là, est toujours-déjà là, et donc, ne pas y appartenir c'est encore y faire référence...

BS · Bien sûr

MC : Or, il me semble que, malgré ou en plus de cela, votre position a ceci de particulier que votre pratique relève puissamment d'un affect, inhérent à la philosophie, qui est l'affect de la solitude. En ce sens-là, parce que vous pouvez faire l'épreuve de la solitude, davantage peut-être qu'un universitaire, l'enregistrement de la crise peut passer par l'existence. Par là, je ne dis pas que la solitude serait un thème manifeste dans vos travaux, mais nous pouvons en saisir l'importance indirectement en étant attentif à la part autobiographique, plus ou moins implicite, qui les traverse et qui participe de votre singularité par rapport à la production universitaire. J'ajoute que cet implicite est en lui-même intéressant car j'ai l'impression qu'il prend surtout la forme d'un symptôme qui correspond au fait de ne pas vouloir tomber dans le piège de l'autobiographique – car l'auto-biographique est aussi un piège, pour le philosophe, et c'est peut-être en cherchant à l'éviter, en ne voulant pas montrer votre solitude, que vous la donnez à lire.

MBK : C'est une question d'investissement dans son propre travail, donc c'est peut-être le moment de faire l'inventaire des identités et des différences. L'identité, c'est une distance à la chose uni-versitaire liée à nos parcours biographiques. Mais cette distance est très différemment négociée dans le cas de Bernard ou le mien. Dans les deux cas, un très grand investissement subjectif dans le travail, mais un investissement autobiographique qui ne noie pas le travail proprement spéculatif. Cet investissement subjectif, soit dit en passant, est un invariant des exceptions dont on parlait : les *Confessions* de Rousseau, *Ou bien... ou bien...* et *Le Journal du séducteur* de Kierkegaard, *Ecce homo* de Nietzsche, les récits de Blanchot et les romans de Bataille, le *Panégyrique* de Debord... seul Marx, pour des raisons qui mériteraient d'être sondées, n'a pas

« sacrifié à l'autobiographie », pour reprendre une expression de Lacoue-Labarthe. Il y a toujours, chez le penseur extrascolastique, une volonté en effet de « payer d'exemple ». Mais si on regarde à l'intérieur de l'Université, l'école dont est le plus proche Bernard, et qui est l'école déconstructionniste, on constate chez Derrida, Nancy et Lacoue-Labarthe une vraie tendance à se mettre en scène autobiographiquement, de manière parfois très radicale. Et cette inspiration leur vient de non-universitaires, elle leur vient de Blanchot, elle vient de Bataille...

Voilà pour l'identité avec Bernard. La différence, c'est que Bernard a eu une vie d'adulte. Ce n'est pas mon cas (*rire*). J'ai toujours évité la vie d'adulte. Bernard a eu des responsabilités importantes, à l'IRCAM, au Centre Pompidou, il a enseigné, donc le rapport à l'enseignement n'a pas été une coupure aussi radicale chez lui que chez moi... peut-être est-ce devenu une force dans mon cas, mais ce n'est pas certain : j'insiste sur le fait qu'au départ il s'agit purement et seulement d'une la faiblesse, de l'impuissance radicale à me fondre dans ce moule. Il faudrait insister, j'y ai fait allusion plus haut, sur les *pathologies* qui affectent ces non-universitaires : la misère matérielle presque toujours, notamment Kierkegaard, Marx, Benjamin, Bataille ou Blanchot ; la mort précoce, comme chez Kierkegaad ; la folie, chez Nietzsche bien sûr mais aussi chez Bataille ; le suicide, chez Benjamin et Debord ; et, tu parlais de la solitude, mais la solitude de Schopenhauer ou Blanchot confine à l'inhumain. Et j'avoue avoir hérité d'un petit peu de chacune de ces pathologies caractéristiques, ce qui est peut-être moins le cas de Bernard, ce qui force mon admiration sur sa capacité « adulte » à avoir évité tous ces écueils, alors que ma vie a plus été celle d'une adolescence, voire d'une enfance prolongée ; d'une incapacité, comme chez Kierkegaard, à jamais pleinement entrer dans le monde dit adulte.

Tu te souviens, Michaël, quand j'étais au colloque qui m'était consacré à Normale sup'[16] : j'étais malade. Ce sont des raisons purement psychopathologiques qui m'ont empêché de faire carrière à l'Université, alors que j'en ai largement les moyens intellectuels depuis longtemps. Des raisons de névrose, sinon de psychose :

---

16 « Penser le contemporain à la lumière de *L'Esprit du nihilisme*. Autour de Mehdi Belhaj Kacem », colloque du Club de la Montagne Sainte-Geneviève des 22, 23 et 24 mars 2013, à l'ENS Paris, organisé par Martin Fortier et Nicolas Nely.

l'enfer qu'a été pour moi l'école quand j'étais enfant, notamment entre huit et dix ans. C'est après que ça peut devenir une arme. C'est en ce sens que je parlais d'une singularité universalisée. Alors peut-être que cette maladie... ce qui est très difficile, c'est d'éviter la pose, la posture, qui consiste à dire que je suis celui qui... je ne suis pas dupe de mon propre anti-institutionnalisme, même si en effet, comme tu dis, la solitude extrême à laquelle ma pathologie me condamne me permet de faire des choses qui ne seraient pas possibles à l'Université, mais aussi, comme Bernard, de pouvoir lui dire ses quatre vérités, ce qui est à peu près impossible de l'intérieur.

Je suis conscient de jouer mon rôle dans une pièce de théâtre qui me dépasse largement. C'est la question de la finitude, dont nous aurons peut-être l'occasion de parler. Donc, quand je joue la carte de l'anti-institution, comme dans ma préface au *Système du pléonectique*, c'est en connaissance de cause : je sais que je joue le rôle du bouffon, du fou, que je joue un rôle dans la grande pièce. Ce n'est pas non plus parce qu'un philosophe est universitaire qu'il est nul et non avenu – c'était le point de vue tant de Schopenhauer que de Debord... Eux, dans la radicalité de l'attaque anti-universitaire, ils étaient indépassables, il n'y avait pas de nuances.

MC : Cette question de l'autobiographie apparaît aussi dans tes textes, Bernard, en particulier depuis Dans la disruption [17], *sous-titré « Comment ne pas devenir fou ? », ce qui n'est certainement pas sans lien. Par conséquent, comment rattacher cette solitude, qui permet de faire l'expérience de cette folie, et la capacité d'enregistrer la crise ?*

BS : Oui, absolument. Nous sommes ici, à Épineuil, dans le désert français, « la diagonale du vide », parce que je m'y sens très très bien. Je suis vraiment seul. Je peux rester un mois sans voir personne. À part mon chat. Et j'aime ça. J'en ai absolument besoin. Par exemple, j'ai beaucoup d'amis qui sont universitaires, même l'essentiel de mes amis...

MBK : Pareil. Disons une bonne moitié.

---

17 Bernard Stiegler, *Dans la disruption. Comment ne pas devenir fou ?*, Paris, Les liens qui libèrent, 2016.

BS : ... je pense qu'il leur manque une certaine solitude, en effet. Ils s'en plaignent eux-mêmes. Surtout depuis que l'Université est devenue... en France c'est absolument scandaleux la manière dont on impose aux universitaires un rythme qui les empêche de travailler. Tout simplement. Je ne parle pas seulement des charges de cours parce que ça, ce n'est pas le problème. Le problème est beaucoup plus grave. Avoir beaucoup de cours à faire c'est très dur, mais ça reste... noble, si je puis dire. Ce qu'on leur propose de faire, c'est un avilissement. Je ne développe pas plus loin, tous les universitaires qui me liront auront compris de quoi je parle.

En revanche, je vais revenir sur cette question de la solitude. Sachant que cette solitude, par exemple ma solitude, personnellement, elle est dans ma bibliothèque. C'est-à-dire que c'est une solitude hantée d'une foule de gens... ça grouille en fait... c'est une solitude extrêmement agitée.

MBK : C'est ce que disait Deleuze de Godard : c'est une solitude surpeuplée.

BS : Oui. C'est ça. Alors quand je suis très déprimé, il n'y a plus personne. Quand vraiment ça va mal, c'est dur, c'est glacial, c'est thanatologique. C'est proche de Blanchot. Mais en général, ça grouille, ça fourmille. Maintenant, je reviens à ce que tu dis, Michaël, sur l'institution toujours-déjà là, et en revenant sur ce que j'ai dit. Eh bien, la première question c'est celle du « déjà-là ». Il y a du déjà-là, qu'il y ait institution ou pas, et ça, c'est la question de Heidegger, dans *Être et Temps.* Le paragraphe six : on part d'un déjà-là, d'une facticité, etc. Seulement, dans ce déjà-là, il y a une historicité, une époqualité, qui fait que dans le moment déjà-là, eh bien, il y a des gens qui arrivent et qui disent : le déjà-là n'est plus là.

Moi, je suis obsédé par la figure de Socrate, pour mille raisons. D'abord parce qu'elle est merveilleuse, mais surtout parce que je pense que c'est le grand incompris. Nietzsche, par exemple, est totalement injuste avec Socrate, il ne comprend pas du tout ce qui se joue entre Socrate et Platon, il inverse les rôles. Ce qu'il attribue à Platon c'est à Socrate qu'il devrait l'attribuer. Or, qui est Socrate ? Socrate est celui qui casse tout. Sachant que lui aussi critique une institution qui est la sophistique. Parce que la sophistique c'est une institution (le *grammatistès*, c'est un instituteur, c'est comme ça qu'on traduit *grammatistès* en français : instituteur), l'institution de la grammatisation des esprits, autrement dit de la citoyenneté. Pour un Grec, aller à l'école c'est indispensable. C'est indispensable sinon on ne peut pas être citoyen, tout simplement ; sinon on fait partie des esclaves, des métèques, ou disons des... des moins que rien. Socrate, lui, est dans une solitude extra-institutionnelle. Alors, bien entendu, c'est une solitude où il rencontre beaucoup de monde, dans la rue, etc., néanmoins, c'est une immense solitude, qui va finir par lui coûter la vie.

Socrate, c'est celui qui bifurque. Je compte écrire un livre sur Socrate et Platon, ça fait très très très longtemps que j'y travaille, et je voudrais montrer que Socrate est le grand solitaire, et qu'il est en fait le dernier présocratique. Alors qu'en même temps, il est en déphasage. Donc, il ne peut plus être un présocratique car l'héritage des présocratiques ce sont les Sophistes (Héraclitéens, très souvent, bon). Donc, c'est la dégénérescence de la grande pensée présocratique, tout ça se jouant somme toute en très peu d'années, si on y réfléchit. C'est aussi court que, disons, entre Émile Bréhier et nous (*rire*). C'est cette échelle de temps. On a l'impression que ce sont des siècles mais non, c'est une toute petite échelle de temps, où il se passe énormément de choses et où, en particulier, un type arrive et il bifurque. Or, cette bifurcation, qu'est-ce qu'elle va produire ? Eh bien, ce que j'appelle de la transindividuation. Et celui qui va le transindividuer, c'est Platon. Il a créé l'Académie : le jardin d'*Académos* est l'institutionnalisation du socratisme, c'est-à-dire sa trahison. Car, qui dit institutionnalisation, dit inévitablement trahison. C'est comme la traduction : qui dit traduction, dit inéluctablement trahison. On ne s'en prend pas aux traducteurs pour autant. Moi j'ai la chance d'avoir de formidables traducteurs, qui sont en plus des mecs géniaux, mais qui ne peuvent pas faire autrement que trahir. On ne peut pas traduire autrement.

Que vient faire l'autobiographie dans cette affaire ? Eh bien, j'ai essayé de m'en expliquer d'abord dans *Passer à l'acte*[18], qui est un texte accidentel, qui m'a été demandé : j'ai accepté une invitation sans voir qu'en acceptant je m'obligeais... si jamais je voulais rester fidèle à mon idéal philosophique, je m'obligeais à raconter

---

18 Bernard Stiegler, *Passer à l'acte*, Paris, Galilée, coll. « Incises », 2003.

que j'avais fait cinq ans de tôle etc., ce qui était ennuyeux puisque je dirigeais l'IRCAM. J'ai d'abord contacté Régis Debray parce que je savais qu'il connaissait le premier ministre de l'époque, De Villepin ; Debray lui a téléphoné et lui a dit « écoute j'ai un ami qui a fait de la tôle on lui a proposé... est-ce que tu l'autorises sans mettre en danger l'IRCAM... », c'est ça qui était en jeu... Villepin a dit qu'il me couvrirait. J'ai téléphoné à Boulez pour lui dire tout ça, il m'a dit d'y aller. C'est là que je me suis mis à parler de l'auto-biographie. Alors, pourquoi je me suis mis à en parler ? Parce que je me suis retrouvé confronté à un dilemme, et ce dilemme était : dire la vérité, tout simplement. Dire la vérité avec un risque, car ça pouvait me coûter extrêmement cher, et ça m'a d'ailleurs coûté extrêmement cher, puisque j'ai fait une semaine d'hôpital avec une méningite. Donc, une semaine avant de présenter le truc j'étais à l'hosto Fernand Vidal avec un diagnostic qui n'était pas garanti. J'avais une méningite virale.

Pourquoi je parle de tout ça ? Parce que Socrate. Qu'est-ce qui fait qu'un philosophe est un philosophe, et qu'un philosophe est toujours proche d'un curé – je ne suis pas du tout anticlérical, j'aime beaucoup les curés, les bons (*rires*) – c'est qu'on ne peut pas être curé 80% du temps, ni à 50%. On l'est tout le temps, même quand on rêve.

MBK : Même quand on ne fait rien. Ça c'est vraiment la question du désœuvrement, mais on aura l'occasion d'y revenir.

BS : Même quand on ne fait rien ! Et donc ça a un coût, un coût colossal. Je pense que les artistes sont dans la même situation. Donc, voilà : artiste, curé, philosophe, ils sont pris dans un rapport à l'autobiographique car pour eux cela veut nécessairement dire que le travail est autobiographique. Alors, qu'est-ce que l'institu-tionnalisation ? Eh bien, je reviens à ce qu'en disait Mehdi : c'est quand la philosophie devient commentaire de la philosophie. Avec le fait que moi, là-dedans, j'ai accompagné des tas d'amis faisant des travaux de thèse, de masters, de je ne sais quoi et, pour tous, si tu n'es pas spécialiste de ceci ou de cela, ce n'est pas la peine, tu n'auras pas de poste.

MBK : Mais toi, tu es un immense commentateur de philosophie, quand même.

BS : Mais j'aime ça ! Mais je déteste les spécialistes. Enfin je les déteste... ce n'est pas tout à fait vrai : je détesterais être un spécialiste. Car, par ailleurs, et là encore, je suis plein de gratitude envers les spécialistes, c'est grâce aux spécialistes que j'évite de dire des bêtises ; mais le commentaire ce n'est pas de la philosophie. L'histoire de la philosophie n'est pas de la philosophie et, en même temps, sans histoire de la philosophie il ne peut pas y avoir de philosophie.

MBK : C'est quand même ça la césure kantienne.

BS : Oui, mais sachant que chez Kant... moi j'essaie toujours de sauver, non pas les phénomènes, mais les philosophes. Socrate il n'a pas besoin de moi.

MBK : Encore que...

BS : De toute façon, il faut toujours sauver tout ça... mais je veux surtout sauver Kant ! Là, il y a une très grande proximité sur cette question. Sachant qu'il faut sauver Kant de qui ? De Kant ! C'est toujours cette même question : il faut sauver Heidegger de Heidegger, Derrida de Derrida, etc. ; et ça, eh bien, ça passe par cette tension dont tu parlais, Mehdi : entrer de plain-pied dans la philosophie, dire « je », ne pas avoir peur de dire « je ». Ça passe aussi par là. Produire une bifurcation : on déplace tout, on prend plein de risques parce qu'on a très peur, mais on y va parce que ce ne peut plus être autrement. Et c'est là-dedans que s'insère l'autobiographie, c'est-à-dire qu'on joue sa peau dans cette affaire. Ça ne peut pas ne pas être autobiographique, c'est-à-dire auto-thanatologique, nécessairement.

Conceptualiser la crise pour l'affronter

Le désœuvrement et le travail

MC : Entrons cette fois-ci de manière un peu plus précise dans la question des affects de la crise. Un point a été soulevé à plusieurs reprises, qui est un des points de départ de ton travail, Mehdi, et qui est aussi un élément, disons affectif, de ton rapport à la philosophie, à savoir ce que tu appelles, à la suite de Nancy[19], le désœuvrement. Peut-être pouvons-nous maintenant engager la discussion sur le rapport qu'entretient cet affect du désœuvrement avec la crise.

MBK : C'est compliqué parce que dans la version, justement, qui sera parue du *Système du pléonectique*, j'ai enlevé toute l'entrée désœuvrement, qui ne me paraissait pas la plus au point. Comme l'éditeur m'avait demandé des coupes, j'ai coupé ce qui ne me paraissait pas essentiel – ce fut dur, car tout dans ce livre est « essentiel », va droit au but – et paradoxalement l'entrée désœuvrement est essentielle, mais je n'arrivais pas à écrire dessus de manière convaincante, et, surtout, organiquement liée au restant de mon travail philosophique, car c'est ça le critère. Pour le dire extrêmement vite et de manière, vraiment, très brutale, je dirais que, pour moi, le désœuvrement, affect plutôt négatif de prime apparence, est une sorte de positivité paradoxale. Parce que tout le Mal vient du travail. Je commente souvent cette phrase qui était au fronton d'Auschwitz : « le travail rend libre », qui est un horrible oxymore kantien. En termes kantiens, l'esclavage, le travail, *c'est* la liberté, c'est la contrainte. Donc le désœuvrement, implique cette idée que tout Mal vient du travail, que toute la crise dont on parle vient de la simple *facticité* du travail – existential proprement anthropologique comme on sait. Mon rapport paradoxal à tout ça, c'est que je suis, dans mes bons jours, très travailleur, mais je nourris, au moins depuis une dizaine d'années, une sorte de mystique du désœuvrement, une mystique du *ne rien faire*, au point que des

---

19 Jean-Luc Nancy, *La communauté désœuvrée*, Paris, Christian Bourgois, coll. « Détroits », 2004 (rééd.).

fois, j'imagine une utopie où plus personne ne ferait plus rien, un shabbat universel, une sorte d'association d'artistes et d'intellectuels qui décideraient radicalement d'arrêter d'écrire, de produire. Bon, c'est une position intenable, même si je vois que dans cette utopie – puisqu'il s'agit de ça – il y a, comme dans toute utopie, un noyau de vérité qu'il s'agit de travailler – encore un joli paradoxe : travailler le désœuvrement.

Ensuite, le désœuvrement au sens où en ont parlé Bataille, Blanchot, Nancy, etc., touche à la question essentielle politiquement de la communauté comme œuvre, quoi. On a vu ce que ça a donné, non seulement dans les fascismes (ça c'est ce qui a le plus souvent été souligné, notamment par Nancy et Lacoue-Labarthe), mais aussi dans le communisme. Dans son livre sur le désœuvrement Nancy, par bienséance, veille à ne pas s'attarder là-dessus, il effleure la question mais ne pose pas, radicalement, la question de ce que ça a été, dans le communisme, la communauté comme œuvre.

Donc moi, je rapproche de plus en plus ça, dans mon travail, de la question de l'anarchie. Alors là, les communautés anarchistes qui ont réussi, c'étaient de véritables communautés désœuvrées en acte, je pense aussi bien à la Révolution espagnole qu'aux kibboutzim, en Israël, et déjà la Commune de Paris qui, on l'oublie trop souvent, était composée d'ouvriers pour l'essentiel anarchistes ou anarchisants – le signifiant « communiste » existait à peine à l'époque et ne circulait pas. Ça ne veut pas dire à proprement parler non-travailler, mais ça veut dire travailler pour le strict nécessaire, je pense aussi à des communautés véganes très radicales qui refusent de toucher quoi que ce soit de la part de l'État, qui ne travaillent pas, qui restreignent autant que possible l'empreinte écologique, etc.

Pour moi il y a là une mystique du désœuvrement, au sens où c'est un affect au second degré. Au-delà du côté politique salvateur de tout ça, désactiver, comme dirait Agamben, désœuvrer la grande machine à travailler, la désœuvrer, au niveau de l'affect c'est une sorte d'extase au second degré consistant à retrouver un état animal – les animaux ne travaillent pas, sauf petites exceptions comme les fourmis, les abeilles, les castors, et encore pourrait-on prouver qu'il ne s'agit pas de travail au sens où on l'entend dans la clôture anthropologique –, mais voilà : il y a plein de chats ici, on ne dit pas d'un chat qu'il est désœuvré, sous prétexte qu'il ne fout rien même pour se nourrir, puisque c'est nous qui le nourrissons. Il ne fait qu'être présent, au fond. Mais il n'y a qu'un être humain – c'est ça la « mystique » – qui puisse éprouver cette pure extase de ne rien faire. Moi, dans ma vie, il y a une très forte tentation du *ne rien faire*, des moments où je désactive tout, où réellement je jeûne, je ne travaille pas, je ne lis pas, je n'écoute pas de musique, c'est le shabbat éternisé. Mais c'est une mystique contrariée. Je n'arrive pas, à moyen ou long terme, à réellement ne rien faire ; je m'épanouis – là est le paradoxe humain mieux saisi par Hegel que par Kant – en travaillant. Je ne peux pas rester désœuvré ; tu l'as vu toi-même, Michaël, les états où ça finissait par me mettre, j'étais spirituellement anorexique. Force m'est de constater qu'en ultime instance mon salut passe par le travail, je ne peux pas échapper à cette grande machine qui nous pousse à travailler.

Je dis tout ça non pas pour tirer à moi où forcer l'autobiographie, mais pour essayer de bien problématiser ce qui est en jeu avec le désoeuvrement.

MC : Pour continuer sur ce point, un peu autrement, et te poser la question à toi, Bernard, je souhaiterais faire part d'une remarque. Le thème du désœuvrement m'a souvent fait penser à la cinquième des Rêveries du promeneur solitaire *de Rousseau, où il fait l'éloge du* farniente…

MBK : La rêverie contre la pensée, dit-il…

MC : Oui, mais aussi le farniente *comme condition du rêve, c'est-à-dire du travail de l'imagination, sans quoi un certain retour à la nature ne serait pas possible, et donc grâce auquel on peut penser, disons, authentiquement, même si ce n'est pas le vocabulaire de Rousseau. Alors toi, Bernard, qui, peut-être pour une part, serait en désaccord avec cet éloge du désœuvrement, tu ne me sembles pas, par ailleurs, en désaccord avec l'idée qu'il est nécessaire de rêver.*

BS : Bien entendu. Mais là, il faut faire attention au mot « œuvre », au mot « travail » et au mot « ouvrage ». Les mots sont tout à fait piégés. C'est ce que tu disais Mehdi à propos du travail, « le travail rend libre » et tout ça, pour moi on ne parle pas du travail. J'ai écrit un livre qui est *La Société automatique*[20] qui parle de ça, et je viens de republier un texte avec Supiot[21] sur « qu'est-ce que le travail ? ».

Il est arrivé quelques mésaventures au mot travail. On reçoit tout ça du christianisme, et plus généralement du monothéisme. Mais, si on va voir les Grecs, ils ont deux mots différents pour en parler : il y a le *ponos*, qui est le lot des esclaves, de tous ceux qui ne produisent pas d'*ergon*, voilà. Or, l'*ergon* c'est autre chose, c'est le radical de l'*energeia*, donc le cœur de la pensée de l'être d'Aristote – par exemple. S'il n'y a pas d'*ergon*, il n'y a pas d'être, tout simplement. Alors, il y a eu un avatar, qui a été d'abord, pour aller très vite, une christianisation de la question (je n'aurai pas le temps de le développer), mais surtout il y a eu la science moderne qui a transformé le concept de travail en concept de force, la force devenant une dimension de la physique newtonienne. Et à partir de là il y a eu tout un appareillage de repensé, inhérent au capitalisme. C'est sur ce registre-là que Marx parle du travail lorsqu'il parle de la *labour force*, c'est-à-dire *Arbeit* au sens de la force de travail du prolétaire. Mais quand Marx se met à parler de l'utopie communiste, ce n'est plus du tout ça, le travail devient la réalisation de soi. Ça a été souligné par toutes sortes de gens, comme André Gorz, et c'est une aporie pour les marxistes du XXᵉ siècle. Au sens où on combat le travail, alors que c'est une apologie du travail que Marx fait, d'une certaine manière. Parce qu'il y a un désinvestissement conceptuel ; ça correspond de moins en moins à des gens qui lisent des textes, qui écrivent des manifestes etc., mais de plus en plus à ce qu'on appelle le compromis fordiste, qui est un merdier qui a été critiqué par pas mal de gens, surtout en Italie.

Ayant dit cela, je pense que, d'abord, il faut faire une histoire du travail et du concept de travail. Et il faut en passer, pour ça, par Jean-Pierre Vernant. C'est lui qui a clarifié le rapport *ergon/ ponos*, pour moi. Là, Heidegger ne suffit pas du tout. Quand il étudie l'*energeia* il ne s'occupe pas du tout de ces questions. Marx non

20 Bernard Stiegler, *La Société automatique. t.1. L'Avenir du travail*, Paris, Fayard, coll. « Essais », 2015.
21 Bernard Stiegler, « L'*ergon* dans l'ère Anthropocène et la nouvelle question de la richesse », dans Alain Supiot (dir.), *Le Travail au XXIᵉ siècle. Livre du centenaire de l'Organisation internationale du Travail*, Ivry-sur-Seine, Éditions de l'Atelier, 2019.

plus ne suffit pas parce qu'il ne traite pas véritablement ces questions. Il y passe régulièrement mais il s'occupe d'autre chose, de sa famille qui crève de faim... l'autobiographie pour le coup est très importante chez Marx, elle n'existe pas mais elle est là par défaut, c'est-à-dire que tout le travail qu'il fait, c'est au prix de la mort d'un de ses enfants, etc., c'est quand même énorme, quoi. Et si je dis ça, c'est par rapport à ce que tu disais Mehdi lorsque tu parlais de cette situation paradoxale que je connais très bien : je voudrais être « loisible », disait Leibniz en français. Car le mot loisir, c'est comme le mot travail, on n'y comprend rien aujourd'hui. Il y a eu le ministère du loisir, Mitterrand, qui avait créé ce machin, « le temps libre et les loisirs ». Mais le loisir, en fait, ça veut dire la liberté, la liberté du noble : ne pas être vil. Or, cette liberté n'est pas un opposé du travail, mais c'est aussi le *farniente*. Et pourquoi le *farniente* ? Moi, à une époque, j'écrivais toujours au bord de la mer, j'avais une maison en Corse et j'écrivais tous mes livres au bord de la mer, pourquoi ? Parce que j'avais besoin d'aller roupiller au soleil, après avoir nagé. Je pouvais nager une heure, deux heures sans m'arrêter, et je pensais à tout ce que j'avais écrit le matin et qui se reconfigurait dans l'effort, parce que, quand on nage beaucoup, il y a des endorphines qui montent dans le cerveau et qui désinhibent pleins de trucs. Après j'étais K.-O., je dormais au soleil sur la plage.

MBK : Ce n'est plus Nietzsche qui estimait qu'aucune pensée n'était valable si on ne l'avait pas eue en marchant, toi c'était aucune pensée valable sans nager (*rires*).

BS : Bien sûr. Après je dormais et une fois que j'avais bien dormi je grattais chez moi, mais ça passait par le *farniente*. Ça, j'ai essayé de le thématiser dans *De la disruption*, à propos du rêve. Par ailleurs, c'est une thématique assez récente chez moi que je dois à trois grands personnages, d'abord Paul Valéry, deuxièmement Michel Foucault, troisièmement Binswanger[22], qui dit que, oui, c'est très bien ce que

---

22 Ludwig Binswanger, *Rêve et existence*, traduit de l'allemand par F. Dastur, Paris, Vrin, coll. « Bibliothèque des Textes Philosophiques », 2013. L'*Introduction* de Michel Foucault, publiée dans la première édition française (Éd. Desclée de Brouwer, 1954, p. 9-128), est disponible dans les *Dits et écrits, t. 1. 1954-1975*, Paris, Gallimard, coll. « Quarto », 2001 (rééd.).

Freud raconte sur le rêve mais ça ne suffit pas du tout. Il se trouve que Valéry a beaucoup écrit sur le rêve, le rêve était comme, pour Fellini ou d'autres grands écrivains ou artistes, le point de départ. Par ailleurs, il se trouve qu'il y a cinq ou six ans j'ai acheté un bouquin qui s'appelait *Préhistoire du cinéma*[23], qui a été écrit par un anthropologue, et qui consiste en l'analyse de cent cinquante grottes. Il essaie de prouver que l'homme avait déjà le concept de cinéma au paléolithique supérieur. Tous les concepts fondamentaux comme le découpage, le montage, etc., sont là. La phrase fondamentale du livre c'est : « tous les animaux rêvent, mais seul l'homme réalise ses rêves ». Ça, c'est très important, même si c'est naïf de le dire ainsi. Il dit que si on regarde bien une peinture rupestre, on voit qu'en réalité c'est du rêve extériorisé. Et c'est tout à fait évident ; ça saute à la figure.

À partir de là, je reviens à ce que tu disais tout à l'heure, Mehdi. On est en train d'osciller en fait, tout le temps. Je pense qu'on a ça en commun, on oscille entre des périodes qui peuvent être extrêmement douloureuses d'inactivité, qui peuvent être jouissives, magnifiques, rêveuses. Par exemple, quand je fais du vélo, je regarde loin – parce qu'ici on peut voir à trente, quarante, cinquante kilomètres – et je rêve. Ou je fais la sieste, ou je ne sais pas quoi. Mais après, il y a le travail où il faut être extrêmement lucide, ne surtout pas rêver, il faut tenir les trucs, ne pas faire de connerie... et c'est les deux que j'appelle le travail. En cela, c'est un désœuvrement œuvrant, que j'apparente à ce que j'appelle l'intermittence en citant une phrase de Socrate dans *Protagoras*...

L'entropie et la néguanthropologie

MBK : Comment est-ce que tu l'articulerais à la néguanthropologie ? Parce que c'est une question que je me pose tout le temps en te lisant, c'est un des rares points où, des fois, j'ai envie que tu en parles plus concrètement. J'ai l'impression de comprendre *in abstracto* ce que tu dis mais ne peux m'empêcher de me poser la question : concrètement, qu'est-ce qu'il propose ? Avec les autres

---

23 Marc Azéma, *La Préhistoire du cinéma. Origines paléolithiques de la narration graphique et du cinématographe*, Paris, Errance, 2015 (rééd.).

concepts je n'ai pas ce mal-là ou ce questionnement-là, pourtant Dieu sait qu'il y a nombre de concepts nouveaux, forgés à coups de néologismes. C'est le seul pour lequel je me demande pourquoi ne nous fait-il pas un manifeste de la néguanthropologie, avec des propositions concrètes ?

BS : Alors ça, je peux te répondre très précisément. J'ai le même questionnement que toi, j'aimerais bien parler de la néguanthropologie mais ça suppose un dialogue avec les sciences qui n'est pas encore au point, qui est en cours. Mais, qu'est-ce que la néguanthropologie ? C'est ce qui constate que l'entropie a été refoulée par quasiment tout le monde.

MBK : D'accord.

BS : Je ne connais quasiment aucun philosophe qui parle de l'entropie. Enfin il y en a, mais ils sont très mauvais.

MBK : Ou il y en a qui sont très bons mais qui sont morts. Je pense à Teilhard de Chardin…

BS : Tout à fait d'accord !

MBK : Qui, dans sa naïveté même est impressionnant sur ces questions. Je ne vois pas pourquoi on en dit autant de mal, c'est un métaphysicien grandiose, pas plus naïf que, disons, un Whitehead.

BS : Cent pour cent d'accord. Teilhard qui est ami de Lotka, etc. Il y a d'autres exceptions, comme Canguilhem. Mais parmi les géants, Nietzsche, Marx, Heidegger, Husserl, Derrida… Deleuze a essayé mais il a foiré, il a reculé. Avec une autre exception, un vrai géant aussi, c'est Bergson. Et un autre géant, c'est Freud, qui n'est pas philosophe. Freud parle beaucoup de l'entropie. Sinon, ils ont tous reculé. Et le premier qui a reculé, c'est Nietzsche. Il n'y arrive pas. C'est parce que l'entreprise est archi-compliquée. Je travaille beaucoup là-dessus en ce moment, avec des gens qui sont de première main, c'est-à-dire des mathématiciens, des physiciens, et il n'y a pas d'accord à l'intérieur des communautés de physiciens. Il n'y a pas d'accord au sein des physiciens, en tout cas ils ne sont pas d'accord entre eux, et entre les physiciens et les biologistes n'en parlons pas, et si on rajoute à tout ça les sciences humaines… Eh bien moi, je pense qu'aujourd'hui il faut absolument s'attaquer à ce sujet, parce que c'est ça le problème de ce que j'appelle l'apocalypse imma-nente. Qu'est-ce que l'entropie ? C'est l'apocalypse. C'est l'annonce scientifique de l'apocalypse, inéluctable, tôt ou tard. Et qu'est-ce que j'appelle la néguanthropologie ? D'abord, c'est une opposition à l'« entropologie[24] » qu'évoque Lévi-Strauss. La néguanthropologie pour moi c'est d'essayer de prendre au sérieux ce qu'il dit avec ce néologisme : l'homme est un producteur d'entropie, il accélère l'en-tropie. La question étant alors de se demander comment, en accélé-rant l'entropie, peut-on créer des niches qui permettent de ralentir l'entropie ? Non pas de l'éliminer, mais la ralentir. Et là il y a un problème diabolique qui se présente, qui est celui de la localité. Il est diabolique parce qu'il n'est pas pour rien dans le nazisme de Heideg-ger – puisque Heidegger a été nazi, ça ne fait pas l'ombre d'un doute.

MBK : J'avais écrit un texte inédit sur cette question de la localité et du fascisme : les anti-universalistes géniaux, comme Nietzsche et Heidegger, mettent le doigt là où ça fait mal, à savoir sur l'uni-versalisme comme entropie proprement anthropologique, je dirais. C'est pour ça qu'ils posent en effet cette question du local. L'univer-salisme est une entropie proprement anthropologique, une entropie qui s'ignore. Et Nietzsche et Heidegger essaient de résister à ça, de toutes leurs forces. Pardon de t'avoir coupé.

BS : En ce moment, je lis Segalen qui écrit sur l'exotisme[25] , et qui dit des choses très intéressantes sur ces questions, pas directement l'en-tropie mais sur… l'« exo ». Or, pour moi, il faut repenser l'anthropo-logie comme étant non pas une anthropologie au sens de Rousseau, de Lévi-Strauss, de Kant, du jeune Foucault… encore que le jeune Foucault parle de ces problèmes-là, justement. Mais il faut la repenser à partir d'une néguanthropologie qui acte du fait que la question « qu'appelle-t-on penser ? » signifie que nous ne pensons pas encore.

---

24 Cf. Claude Lévi-Strauss, *Tristes tropiques*, Paris, Plon, coll. « Terre humaine », 1955, p. 496.

25 Victor Segalen, *Essai sur l'exotisme*, Paris, Le livre de poche, coll. « Biblio essais », 1986.

Jean Jaurès l'a dit bien avant Heidegger dans le premier éditorial de *L'Humanité* – Jaurès qui est un philosophe agrégé, la même année que Bergson-. Que dit Jaurès ? « L'humanité n'existe pas. Pas encore. », et c'est très intéressant, parce qu'on a deux types à l'opposé de l'échiquier politique, qui disent la même chose.

MBK : Alors ça, c'est en abyme : je dis souvent que les nourrissons ont besoin, contrairement aux autres mammifères, d'années de formation entières, de prise en charge par la mère, avant de se débrouiller seuls. Et je me demande souvent s'il ne faut pas considérer l'humanité tout entière comme à l'image de ces nourrissons.

BS : Oui, c'est exactement ce que je pose, parce qu'elle a besoin d'un organe exosomatique...

MBK : C'est comme si nous avions constamment raté l'âge adulte.

BS : Oui, il y a une sorte de jeunesse vitale, de jouvence constante, mais qui se retourne aujourd'hui en vieillesse absolue. Pourquoi ? Parce que l'exosomatisation est néguentropique, mais elle est aussi entropique. Or, comme elle est aujourd'hui contrôlée par Peter Thiel et par le capitalisme computationnel, eh bien, elle devient le contraire : au lieu d'être jouvence, elle devient vieillissement prématuré. Comme aussi, vivre jusqu'à 110 ans en ayant vécu quarante ans dans un EHPAD, comme un légume.

MBK : C'est dans les zoos que la gérontologie devient une science, pour les animaux. Ça n'existe pas si tu les laisses dans la nature.

BS : Bien sûr. Qu'est-ce que j'appelle néguanthropologie sous cet angle-là ? Eh bien, je reviens à la question scientifique. J'ai eu une petite controverse, à la limite de l'engueulade quand même, avec Aurélien Barrau – un astrophysicien qui, par ailleurs, a publié un texte disant que l'anthropocène est une catastrophe, qu'il faut se mobiliser[26]. Très bien. Je l'ai rencontré un jour à Grenoble. J'ai

----

26 Cf. Aurélien Barrau, *Le plus grand défi de l'histoire de l'humanité : Face à la catastrophe écologique et sociale*, Paris, Éditions Michel Lafon, 2019.

insisté sur le fait que, moi, je fais de l'économie politique, c'est ce que je garde de mon passage par le marxisme, et je lui ai dit qu'une philosophie qui ne se traduit pas en termes d'économie politique, c'est du bidon.

MBK : C'est sûr. C'est ce que tu reproches à Badiou, à Žižek, à Rancière…

BS : C'est ça. C'est ce qu'on appelait autrefois une philosophie bour geoise. C'est assez savoureux de mettre tous ces gens dans ce sac-là (*rires*). Je connais pleins de bourgeois que j'adore, ils sont gentils, bien élevés, ils ont du pognon en plus (*rire*), ils peuvent être extrêmement raffinés. Ils savent vivre, ils boivent du bon vin… Mais la pensée bourgeoise, ça c'est autre chose. Ils ne savent pas ce que c'est le loisir au sens de Leibniz, ils ne peuvent pas comprendre, et ça, ça me dégoûte. C'est contre ça que se battait ce bourgeois qu'était Marx. Il faut relire le *Manifeste du parti communiste* car quand il dit qu'il y en a certains, de la bourgeoisie, qui changent de camp, en fait, c'est de lui dont il parle ! En 1848 il ne sait pas encore ce que ça va lui coûter – car ça va lui coûter très cher-. Mais, il faut faire de l'économie politique. La néguanthropologie, concrètement, c'est ça, c'est une nouvelle économie politique.

MBK : D'accord.

BS : De l'économie politique en contexte, en Seine-Saint-Denis. On y travaille très concrètement, avec des grands industriels, avec des habitants de la Seine-Saint-Denis, sur des tas de sujets divers et variés, c'est absolument passionnant, d'ailleurs. C'est très très difficile, mais on ne sent pas la douleur, parce que ça donne une énergie formidable aux gens, et on travaille sur l'intoxication, sur des tas de sujets comme ça. Maintenant, pour un exposé concret de la néguanthropologie, j'ai encore besoin, moi, de prouver, – et là je reviens à Aurélien Barrau –, qu'il a tort. Lors de cette conférence, à Grenoble[27], j'expliquais ce qu'on fait en Seine-Saint-Denis,

---

27 Cf. Bernard Stiegler, « Au-delà des "smart cities", la nouvelle intelligence urbaine dans une économie de la contribution », prononcée à Grenoble le 19 septembre 2018 (URL : https://www.youtube.com/watch?v=_35QulHsPnQ).

justement, j'expliquais que c'est une économie fondée sur la comptabilité de l'entropie et de la néguentropie, et les formes de néguentropie : thermodynamiques, biologiques et informationnelles. Il vient me voir à la fin de la conférence pour me dire que c'était vachement intéressant, mais qu'il est astrophysicien et que la seule manière de limiter l'entropie sur terre, c'est de bétonner l'Amazonie. Alors là, je lui dis : « vous vous foutez de ma gueule ? », mais il m'affirme être très sérieux. Alors, je lui ai raconté un truc. Il y a un an j'ai recruté un biologiste, quand je lui ai exposé ce que j'ai expliqué dans cette conférence, il m'a dit qu'un physicien me dirait que le meilleur moyen de diminuer l'entropie, c'est la glaciation de la planète. Donc, je lui réponds que ce qu'il est en train de me dire, c'est que ce qui produit de l'entropie, c'est le vivant et l'homme. Ce qui est tout à fait vrai, bien entendu. Mais, dans quelle topologie est-ce que ça se produit ? C'est ça la vraie question. Il y a une topologie qui passe par le mouvement spatial mais c'est une chrono-topologie, voilà. Cette topologie, si je me mets à l'échelle de l'histoire de l'univers, quinze milliards d'années, ou si je me mets à l'échelle de l'histoire de l'humanité depuis le paléolithique supérieur, ça ne pose plus du tout les mêmes problèmes. Les physiciens ne travaillent que sur les problèmes d'échelle, alors c'est un comble ! Car, en même temps ils nous disent que, pour l'entropie, il faut un physicien. Mais, pour qu'il y ait un physicien, il faut un être vivant, et il faut que cet être vivant sache lire, écrire, utilise des organes artificiels, la machine à vapeur, etc. Donc, moi, je leur dit qu'ils se foutent de ma gueule, qu'ils ne font pas leur travail. En fait, ils ne font pas leur travail de philosophie, car quand on fait de l'astrophysique, il faut faire de la philo, ça c'est ce que dit Whitehead : on ne peut pas ne pas faire de physique spéculative, et ça s'appelle de la philosophie. Alors Aurélien Barrau est piqué, et même archi-piqué puisqu'il se trouve justement qu'en plus, il est philosophe. Il a écrit un bouquin avec Jean-Luc Nancy, il a fait une thèse avec lui et en plus je l'avais vu une semaine avant à Paris et il m'avait dit qu'il voulait faire sa thèse avec moi. Donc, il est... on a dû lui dire : « surtout pas Stiegler ! T'es mort si tu la fais avec Stiegler ! » (rires). Bref, il n'est pas content. Je lui propose d'en discuter, je lui dis : « vous êtes scientifique, moi je ne le suis pas, bon. Je vous propose d'en parler avec deux scientifiques, un mathématicien physicien, et un biologiste. Et on va discuter ». Et on l'a fait ce truc-là. Et ça s'est super mal passé. Voilà. Donc on a décidé de ne rien en faire, de ne pas le publier, parce que... voilà. Ce que je veux dire par là, c'est que la néguanthropologie ça doit poser un problème : comment réinterprète-t-on Léon Brillouin, lorsqu'il dit que le démon de Maxwell il faut, en physicien, le voir autrement ? Le physicien est instrumenté, il prend des mesures, or prendre une mesure c'est changer le taux d'entropie. On ne peut pas éliminer la mesure. Mais, si on ne peut pas éliminer la mesure, c'est qu'on ne peut pas éliminer, quoi ? L'organe artificiel. Et si on ne peut pas éliminer l'organe artificiel, il ne faut pas non plus éliminer le physicien. Donc, il faut introduire les questions de la biologie et les questions de l'exosomatisation en physique. Si on ne les introduit pas, on se moque du monde. Posez ce genre de question, c'est ce qu'a fait Einstein. Qu'est-ce que la relativité ? C'est un type qui se pose des questions : où je suis ? quand je suis ?, etc. Donc, c'est pour ça que je ne développe pas la néguanthropologie dans sa dimension, comme tu dis Mehdi, plus concrète, mais je suis en train d'essayer.

La néguanthropologie et le jeu

MC : Pour essayer de reprendre le fil de cette première partie consacrée à la crise, nous pouvons terminer par une ultime question qui, je crois, fera écho à ce que tu viens de développer sur la néguanthropologie. Mais, je souhaiterais formuler cette question à partir de la manière dont tu essaies, toi Mehdi, d'en penser l'analogue dans ta dialectique négative. Je m'explique. On a vu ici avec la question du désœuvrement que l'enjeu philosophique consistait à penser la passivité dans le travail du philosophe. Or, il y a un philosophe, que vous avez en commun, qui a pensé ça, c'est Deleuze lorsqu'il thématise ce qu'il appelle l'expérimentation. L'expérimentation consiste, pour le philosophe, à penser à partir d'une position passive. Par exemple en regardant un film, au sens où à la fin de L'Image-temps, *il parle du cinéma comme d'une nouvelle pratique des images qui interfère avec la pratique conceptuelle qu'est la philosophie. Or, dans* Logique du sens, *bien avant que Deleuze ne découvre philosophiquement le cinéma, l'expérimentation correspondait à ce qu'il appelait le jeu. Le joueur est celui qui, dans la passivité du rôle qu'il endosse, devient capable d'autre chose, ou de quelque chose de nouveau, que ce qu'il aurait pu faire sinon*[28]. *Et, dans ta dialectique négative, Mehdi, je crois que le jeu a précisément ce rôle : lutter contre la tendance irréversible du temps à déployer le Mal. Lutter, non au sens où il serait possible, disons, d'affronter le Mal en tant que tel, mais, en tout cas, au sens d'en suspendre l'accroissement, pour un temps.*

MBK : Tout à fait.

MC : Ce développement un peu tortueux a pour but d'essayer de voir le rapport qu'il y a entre, chez toi Mehdi, le jeu, et chez toi Bernard, la néguanthropologie, au sens où il me semble que, dans les deux cas, il s'agit moins de lutter contre que de suspendre l'irréversible.

MBK : En toute première intention, ce que m'inspirent toutes les remarques que tu fais sur Deleuze c'est de dire : cette passivité paradoxalement se provoque. C'est-à-dire que le piège de la solitude et du désœuvrement c'est vraiment le pur *farniente* au sens le plus négatif du terme, au sens dépressif voire suicidaire du terme. C'est-à-dire que moi, pour penser, j'ai vraiment besoin comme tu dis de *stimuli…* comme ne serait-ce que là en discutant avec Bernard. Dans ces périodes désœuvrées je peux rester des semaines sans ouvrir un livre, c'est terrible. Boulimie ou anorexie, ça aussi je le thématise explicitement dans mon travail, le fait que l'humain se trouve soit dans le manque, soit dans l'excès, et ce n'est pas sans rapport avec ce dont nous parlons. Je viens ici et, au-delà de ce que je prononce à voix haute, mon cerveau fonctionne à toute vitesse et nourrit mon travail, disons, de lemmes enrichissants intérieurement.

Donc, je pense que ce que veut dire Deleuze c'est qu'il y a un minimum d'activité pour déclencher cette passivité, ne serait-ce que regarder un film. Par paresse d'ouvrir un livre, beaucoup de gens se rabattent, justement, sur le cinéma ou les séries, mais moi, dans ces périodes, je ne me rabats même pas sur ça. Je me rabats, éventuellement, sur les jeux, justement, comme le poker, qui est un jeu très actif. Le problème, dans ces périodes dépressives-là, c'est que je joue, à point nommé, de manière très passive, et jouer de

---

28 Cf. Gilles Deleuze, *Logique du sens*, Paris, Minuit, coll. « Critique », 1969, p. 176.

manière passive, au poker, c'est suicidaire. C'est le meilleur moyen de perdre, perdre, et encore perdre.

Ce que j'ai trouvé dans le jeu a tout à voir avec cette dialectique du travail/désœuvrement. Il y a un Schopenhauerien de gauche génial, un Italien qui s'appelait Rensi, qui a écrit un grand livre là-dessus[29], où il dialectise bien avant moi ce que je pense, à savoir que le jeu est un travail réussi, tandis que le travail est un jeu raté, en gros. Ce qui m'intéresse dans le jeu c'est, comme tu le dis mais je le traduirais de la manière la plus simple possible, une *katharsis* du mal.

J'ouvre une parenthèse : entrer en résistance contre notre temps, c'est entrer en résistance contre tous les discours officiels qui, pour maintenir le système en place, créent toutes sortes de discours où il s'agit purement et simplement *d'effacer* le mal, la violence. Pour mieux perpétuer celle qui a effectivement lieu, qui est celle du marché, en tout. Par exemple, en ce moment, il y a une immense hypocrisie, au prétexte de #MeToo etc. qui se met en place. Bien sûr qu'il faut punir les violeurs, les harceleurs, etc. Le problème est que se greffe, par-dessus ça, un discours profondément normalisateur et puritain, vraiment comme du temps du maccarthysme ou du code Hayes, un discours de censure de *toute* violence qui accompagnerait la sexualité, par exemple dans ses représentations artistiques. Or, cet effacement de la violence est à mes yeux rigoureusement impossible. Il n'y a pas de sexualité sans violence. Le jeu, sur ce point comme ailleurs, est ce qui met en forme la violence co-originaire à la sexualité comme telle – et c'est pour ça que je m'intéresse tellement aux pratiques SM et D/S dans mon travail, ce sont des formes ludiques très extrêmes données à la violence sexuelle –.

Ce crochet fait, je peux revenir sur ce qu'a dit Bernard au sujet de l'entropie et de la néguentropie et néguanthropologie, eh bien j'ai l'impression qu'en deux millénaires et demi nous n'avons pas fait un pas de plus par rapport à la phrase d'Anaximandre, qui dit absolument tout et que toute la philosophie ultérieure s'efforcera d'oublier. Au final, j'ai envie de dire que le *Système du pléonectique* est un immense commentaire, quasi-inutile, de la phrase

___

29 Giuseppe Rensi, *Contre le travail*, traduit de l'italien par M.-J. Tramuta, Paris, Allia, coll. « Moyenne collection », 2017.

d'Anaximandre. Comme quoi *(rire)* il n'y a pas le moindre progrès en philosophie, et que même Héraclite et Parménide sont déjà en régression par rapport à la phrase d'Anaximandre, qui à elle seule est une définition de ce que je désigne par le mot « pléonectique ». Comme tu le dis Bernard, dès qu'il y a de la vie, dès qu'il y a de l'humain, il y a entropie. Mais ce que désigne le concept de pléonectique, c'est que l'entropie prend un tour extrêmement singulier avec l'animal de la saisie technologique, qu'est accidentellement l'humain. C'est ça et uniquement ça qui m'intéresse, et c'est ça l'affinité profonde de mon travail avec le tien. Comme je l'ai dit, c'est ontologiquement qu'il faut comprendre la crise et, sous rapport de l'être, la phrase d'Anaximandre est pour moi celle qui ontologiquement supprime quasiment tout le reste.

Une nouvelle parenthèse pour dire que ce que je recherche à travers le concept de jeu, c'est en effet ce que tu recherches dans le concept de néguanthropologie, c'est-à-dire une pure suspension – comme un danseur ou un funambule au bord du vide – de l'entropie, mais en connaissance de cause. Il y a quelque chose de Bataille : faire l'expérience de la mort, en connaissance de cause. En profitant, comme dirait Agamben – grand penseur, soit dit en passant, du désœuvrement – du temps qui est encore là, du temps qui reste. Le point commun entre jeu et néguanthropologie, c'est de ne pas faire comme fait le « nihilisme ontologique » de Ray Brassier, c'est-à-dire : tout disparaîtra de toute façon, donc lavons-nous-en les mains. C'est le désastre de ce tournant ontologique actuel, c'est que ça résorbe tout dans l'indifférence. Ça illustre ce que Heidegger appelait le « spectre hideux du relativisme ». Tout est objet, tout est chose, tout est néant, donc puisque l'être humain est un objet parmi d'autres ou un pli du néant parmi d'autres, la messe est dite et il n'y a plus aucun problème, aucune crise en effet, donc aucune pensée critique non plus, comme s'en vante explicitement Tristan Garcia en me commentant. C'est une position de confort, typique de la philosophie académique, ce que j'appelle parfois la « résorption ontologique », qui trahit l'héritage principal des philosophies du XXe siècle ayant succédé à Nietzsche, de Heidegger à Derrida et de Bergson à Deleuze : qu'est-ce qui fait la différence ? Qu'est-ce que l'exception ontologique, qui éclaire en retour l'ontologie bien plus radicalement que ne peut le faire une « ontologie plate » où tout est indifférencié ?

Cela dit, c'est un risque du même ordre qui guette ceux que tu appelles, Bernard, les « petits derridiens » : tout est différence ; et le risque est là encore d'indifférencier ontologiquement les différences, de dire qu'en gros toutes les différences se valent, qu'aucune différence ne fait plus la différence qu'une autre. Or, le point commun de nos travaux, par rapport aux néo-scolastiques à la mode, c'est qu'à la fois nous restons fidèles à l'héritage des philosophies de la différence – c'est-à-dire au projet de critique de la métaphysique – et que nous faisons en sorte qu'il soit possible de *hiérarchiser* la différence, en démontrant que toute différence n'est pas de même intensité. C'est ça, je crois, le point de confluence entre néguentropie et pléonectique. C'est-à-dire la question du qualitatif, là encore où les ontologies à la mode se vantent explicitement de tout réduire au quantitatif, c'est-à-dire de tout indifférencier, en décrétant tout aussi explicitement que pour eux le XXe siècle philosophique est nul et non avenu, et Kant par-dessus le marché – tout se tient.

Voilà ce que je recherche dans le concept de jeu, au sens presque d'un existential : c'est vraiment cette question de la localité. En connaissance de cause on sait que l'entropie est la loi générale de toute chose mais, je vais m'exprimer vulgairement : on en profite malgré tout un max. *Ce qui fait que la vie vaut la peine d'être vécue*, c'est le titre d'un de tes livres[30]. On profite du pur miracle de l'être-là, parce qu'il ne faut jamais perdre de vue qu'il s'agit d'un miracle. On a beau savoir, comme dirait Ray Brassier, que de toute façon tout doit disparaître, c'est exactement le contraire qu'il faut analyser : la vie est un miracle statistiquement incroyable, pas même diachroniquement, mais synchroniquement. Le fait qu'à chaque seconde que nous parlons la vie se maintienne est un miracle hallucinant. Cette extase n'est pas d'un autre ordre que l'extase du désœuvrement dont je parlais plus haut. La pure extase d'être là, la pure extase d'être vivant, qu'un animal ne peut expérimenter comme telle. Et ils ont beau essayer de déconstruire tout ce que Heidegger a raconté à ce titre, ils ont tort, c'est Heidegger qui est pertinent sur tous ces points. Il a plus raison qu'il n'a jamais cru avoir raison, comme le disait Artaud au sujet de Freud. Pour les raisons mêmes qu'éclaire

---

30 Bernard Stiegler, *Ce qui fait que la vie vaut la peine d'être vécue. De la pharmacologie*, Paris, Flammarion, coll. « La bibliothèque des savoirs », 2010.

Bernard avec la rétention tertiaire, car si tu éclaires Heidegger par la rétention tertiaire, ça devient une extase. Alors, c'est peut-être une extase encore au second degré. Voilà ce que je recherche, en termes un peu exaltés dont je m'excuse (*rires*), avec le concept de jeu.

MC : Dans ton travail Bernard, la question du jeu n'apparaît pas explicitement, même si je sais que, par ailleurs, c'est un concept qui ne t'est pas indifférent. Mais, par rapport à ce que vient de reprendre Mehdi, est-ce que, pour toi, dans cette affaire sérieuse qu'est la néguanthropologie, il y a la place pour ce temps et ce lieu spécifiques que rend possibles le jeu. Est-ce qu'il est possible de sortir le jeu du divertissement dans lequel on l'a mis, pour y retrouver la noblesse de ce qui pourrait être l'affirmation de la différence.

BS : En fait, c'est très important, pour moi, la question du jeu. Je ne l'ai jamais thématisée, sauf une fois dans cette conférence dont je parlais tout à l'heure, même si j'ai écrit au moins trois cent pages là-dessus, il y a très longtemps. Mais… c'est extrêmement difficile, le concept de jeu. Extrêmement difficile. C'est au moins aussi difficile que la néguanthropologie. Et ce n'est pourtant pas séparable, en plus. Qu'est-ce que la question du jeu, avant tout ? C'est la question d'une contingence qu'on se donne comme règle. C'est-à-dire, « bon, on se fait chier là… Tiens ! si on se faisait une belote ? ». Une belote, qu'est-ce que c'est ? J'ai beaucoup joué à la belote, j'ai même été champion de belote à la clinique psychiatrique de Chailles à Candé-sur-Beuvron où j'ai gagné une tête de cochon (*rires*). J'ai remporté un concours de belote grâce à ma grand-mère qui était championne de belote et avec qui j'ai beaucoup joué quand j'étais petit. Le jeu c'est ça : on s'emmerde comme des rats morts, c'est un dimanche après-midi, on fait une belote. On se donne des règles complètement contingentes, et on va les *nécessiter*.

MBK : C'est exactement ça.

BS : Pour moi, ça renvoie à deux questions qui me tiennent à cœur. L'une, je la désigne parfois par la quasi-causation chez Deleuze et chez les Stoïciens, avec tous les problèmes que ça pose. Ce qui m'a été reproché quelquefois, par exemple récemment par Paolo Vignola, qui m'a dit qu'on ne peut pas convoquer à la fois Aristote et les Stoïciens ; et je lui réponds que, eh bien si, justement, c'est ça la néguanthropologie. On ne peut pas dire que, ça y est, on a dépassé Aristote par les Stoïciens, ce serait totalement ridicule. On ne dépasse jamais rien, de toute façon. Ce qu'il faut, c'est réagencer. Il y a eu un travail, chez les Stoïciens, de se sortir d'une certaine époque, il y a eu aussi un travail de Deleuze, dans son époque alcoolique – parce que l'alcool, c'est aussi c'est un jeu.

MBK : C'est une question esthétique. J'interroge le jeu – tu parles d'Aristote – au sens radicalement fort de l'adjectif esthétique. C'est le choix d'une règle, d'une contrainte, et en termes de *katharsis*, ce que le jeu esthétiquement seul, parmi tous les autres arts, pose comme question, c'est : pourquoi est-ce qu'on trouve le bonheur dans notre soumission à une règle ? Là où le travail, au sens où on l'entend communément, est une soumission généralement pénible…

BS : Tout à fait. Mais alors, moi, ce que je dis c'est que tout travail est un jeu, tout jeu est un travail, et après on croit qu'on joue et on croit qu'on travaille, sachant qu'en fait on ne fait ni l'un ni l'autre, quand on n'est pas bon. Donc l'art, en effet, c'est de faire du travail un jeu et du jeu un travail, et de faire de tout un jeu, par ailleurs. Par exemple, tu me parlais tout à l'heure de cette maison où j'habite, eh bien moi j'adore y faire le ménage.

MBK : Il paraît que ça aide à bien vieillir ! Des enquêtes récentes ont démontré qu'il s'agissait du secret de la longévité…

BS : Mais les vieux adorent le ménage ! Moi, je suis en train de devenir vieux et je fais le ménage et en faisant le ménage je gamberge comme un malade, je rêve vachement avec mon balai et tout ça. Mais ça, c'est l'art de vivre, l'art de faire de nécessité vertu. C'est en prison que j'ai découvert cette chose. C'était ça ou la fin. En prison, si on ne comprend pas ça, on est nase. Malheureusement, la plupart des détenus sont nases. Mais il y a la possibilité de faire ça.

Il faut devenir la cause de ce qui t'arrive. C'est ça le Stoïcien. Ce n'est pas le stoïcisme stéréotypé, évidemment c'est beaucoup plus complexe que ça, et je m'emploie à écrire un bouquin où d'ailleurs je vais parler de Ray Brassier et de tous ces mecs-là, pour expliquer en quoi, vraiment, ils se foutent le doigt dans l'œil, et j'essaye justement de revisiter la théorie des quatre causes de la physique d'Aristote, avec la quasi-cause des Stoïciens, en passant par Deleuze et au-delà. Pourquoi ? Parce que, quand Heidegger dit qu'il ne faut pas parler de cause efficiente, que c'est une invention des Romains, qu'est-ce qu'il essaye de penser (à mon avis il n'y parvient pas) ? La même chose que ce que Deleuze essaie de penser au titre de ce qu'il appelle l'opérateur, et l'opérateur, c'est le quasi-causeur. C'est celui qui produit la quasi-cause. C'est le joueur ! C'est le *bon* joueur. Parce qu'on peut toujours mal jouer... C'est ça qu'il y a de génial au jeu : ou bien tu as bien joué, ou bien tu as mal joué, mais il n'y a rien de neutre.

MBK : C'est ce que je dis dans mon travail. Tôt ou tard on y viendra, c'est sur nos notions respectives de la vérité, je sais que tu prépares un livre là-dessus que j'attends avec impatience. Mais ce qu'il y a d'intéressant sous ce rapport avec le jeu, c'est le critère de vérité : on ne *peut* vraiment pas dire d'un mauvais joueur qu'il est bon ! Alors qu'on peut dire d'un mauvais artiste que c'est l'artiste du siècle, on peut dire que Jeff Koons est le plus grand artiste que la planète n'ait jamais porté, mais on ne peut pas dire que Federer est un branquignole, ou que Tiger Woods est un escroc, ou inversement que moi je sois un Mozart du tennis ou du golf.

BS : Tout à fait. Tout à fait. L'autre dimension de tout ça – mais c'est la même chose –, c'est l'exosomatisation. Tout comme je peux jouer à la belote le dimanche après-midi, eh bien je peux me mettre à gratter des bas-reliefs au paléolithique supérieur. C'est la même chose. Pourquoi ? Parce que j'ai un marteau ; comme disait Claude François : « Si j'avais un marteau... », que ne peut-on pas faire avec un marteau ? Eh bien, on peut tout faire ! Et ça, c'est le grand refoulé de la philosophie. Là où Aristote m'intéresse, c'est que, quand même, il a énormément écrit sur la *tekhnè*, et pas ce qu'on lui fait dire, en plus. Précisément, la seconde cause, celle que l'on appelle *poiein* d'habitude, c'est le *faire*. Et donc, Aristote c'est un penseur de ce faire, aussi. Mais pour penser le faire – je vais extrêmement vite, donc je suis très schématique, presque caricatural – il faut déterrer le refoulé, depuis Platon. Qu'est-ce qui est refoulé chez Platon ? Ce n'est pas simplement la technique, c'est le tragique, c'est la poésie, c'est tout ce qui fait que, eh bien non on ne peut pas *sauver* le vivant. Le vivant meurt, il n'y a rien à y faire. Le temps est fini, et c'est ce que Platon veut éliminer. Et c'est pour ça que je combats Badiou.

MBK : Ça m'intéresse ce que tu dis. Là, la pensée va très vite parce que je me dis que, au fond, Platon, ne serait-il pas le premier transhumaniste ? Et au fond, Badiou et le transhumain, même combat ? Parce qu'aux différences d'accentuation près, le maoïsme imaginaire, pour l'un, le cyborg, pour l'autre, ils parlent le même langage, c'est récemment que j'en ai pris conscience. C'est-à-dire : d'une rétention tertiaire qui serait incarnée. Personnalisée.

BS : Oui. Oui. Tout à fait. Mais avec deux positions opposées, parce que d'un côté Badiou dit que la technologie, ça n'existe pas, que c'est trivial, que ça n'a aucun intérêt : c'est Platon. Et de l'autre côté que tout est dans la technologie.

MBK : C'est ça, mais les extrêmes se rejoignent, comme on sait. C'est là où ma pensée n'a fait qu'un tour, au sens où on dit « mon sang n'a fait qu'un tour », c'est-à-dire que je me suis dit, au fond, Badiou est un penseur intégral de la technologie, il est tellement dedans...

BS : ... qu'il ne peut pas la voir. C'est ce que dit Aristote du poisson dans l'eau : il ne peut pas la voir. C'est ce que dit le *Timée.*

La passivité et l'exosomatisation

BS : J'en reviens à la passivité. Pour moi, le plus grand penseur de tout ça c'est Canguilhem : la passivité de la technologie. Quand Canguilhem parle de la technologie – il n'en parle quasiment pas sous ce nom-là, d'ailleurs, il n'emploie quasiment pas le mot, mais il ne parle que de ça – il parle d'une passivité qui, comme chez Aristote, s'appelle le pathos. La passivité, c'est le *pathein*, je suis passible. Lyotard parlera de passibilité, autour de la peinture, de la pulsion, et... ça ne m'a pas toujours vraiment convaincu, mais il cherchait de ce côté-là. Moi, j'essaie de penser cette passibilité-là comme exosomatisation. Cette affaire d'exosomatisation commence bien avant l'hominisation, il y a de l'exosomatisation chez l'animal, c'est bien connu. En ce sens, c'est-à-dire l'exosomatisation au sens où Lotka en parle, ça signifie que l'être humain est *constitué* par l'exosomatisation mais que ce n'est plus du tout l'exosomatisation animale, parce que c'est une nouvelle règle *orthogénétique*. Encore un mot barbare ! Qu'est-ce que ça veut dire ? Ça veut dire que la sélection est faite *par l'homme*. Elle n'est plus faite dans l'ordre de la lutte pour la simple survie évolutionniste. Donc, c'est la politique. Lotka rend compte de la naissance de la politique en disant ça, tout simplement. C'est énorme. Personne ne l'a vu. Personne. C'est quand même en 1945[31]…

MBK : Ce que je dis dans mes catégories propres, c'est que la politique est une *parodie* de la sélection naturelle. C'est-à-dire la pure lutte évolutionniste pervertie par la technologie.

BS : Oui, c'est ça. Sauf que, *si* elle est politique, elle se dénaturalise ; si elle est une bonne politique, c'est-à-dire si elle joue bien, elle va se dénaturaliser car il faut sélectionner, et ce « il faut sélectionner », ce n'est pas du tout Ernst Haeckel ou ces trucs-là, ce n'est pas l'eugénisme. Il s'agit plutôt d'un « il faut *décider* », et avec quoi ? Des critères de sélection qui sont des rétentions tertiaires, des rétentions primaires, etc. Maintenant, je reviens à l'exosomatisation. L'exosomatisation a une longue histoire qu'il faudrait décrire longuement, on n'a pas le temps maintenant, mais enfin elle s'accélère à partir du XIIXe siècle avec la machine à vapeur, et aujourd'hui elle n'est plus dans l'accélération, elle est dans la disruption, c'est-à-dire dans l'hyperaccélération, hyperaccélération de l'accélération. Et qu'est-ce qui se passe ?

MBK : Il n'y a plus de sélection.

BS : Si, si, il y a sélection, mais aussi une possibilité parce que, contrairement à ce qu'on croit, ce n'est pas vrai du tout que les gens de la Silicone Valley qui managent tout ça aujourd'hui ont

---

31 Cf. Alfred Lotka « *The Law of Evolution as a Maximal Principle* », dans *Human Biology*, vol. 17, n°3, 1945, pp. 167-194.

des plans sur la comète, etc. Pas du tout ! Ils font de la correction de trajectoire en permanence, ils vont passer par des méthodes de militaire, c'est-à-dire qu'un militaire sait très bien qu'il n'atteint jamais son objectif, et donc la vraie question pour lui est de pouvoir réagir très très vite pour le corriger. Donc, qu'est-ce qu'ils font ? Prenons l'exemple de Facebook. C'est un mec, un crétin coureur de jupons qui, par hasard, crée un Facebook, c'est-à-dire un trombinoscope visant à montrer toutes les belles nanas à ses potes de Harvard pour pouvoir les niquer, voilà. C'est ça le sujet. Il crée ce machin, et puisqu'il a utilisé le graphe de Moreno, comme dit Yuk Hui, c'est-à-dire qu'il a fait de l'effet de réseau, il s'aperçoit tout à coup que ça créé une dynamique. Or, il y a un type à Harvard qui suit tout ce qui se passe à Stanford, il s'appelle Peter Thiel, il décide de mettre dix bâtons là-dessus, et ça démarre comme ça. Et qu'est-ce qu'ils font ? Ils observent. Ils ne se disent pas qu'en deux ans ils vont dominer la planète. J'ai fait un séminaire sur les réseaux sociaux, à l'époque où ils existaient à peine. J'ai fait ce séminaire, en fait, à l'époque où Facebook a été lancé. J'ai commencé mon séminaire ça devait être en février 2006, je crois, à ce moment-là il y avait un million de membres sur Facebook, et lorsque j'ai fini mon séminaire, en mai, il y avait soixante-dix millions de membres. On voyait le truc monter comme ça. Si je dis ça, c'est parce que depuis le début de mes travaux il y a cette chose que j'appelle le double redoublement épokhal. Ce sont des choses que Bertrand Gilles a essayé de décrire, dans ses histoires des techniques[32], et qu'ensuite Simondon a essayé de rationaliser...

Qu'est-ce que le double redoublement épokhal ? Prenons une société telle que les étudiait Leroi-Gourhan dans le Pacifique, comme les Esquimaux, c'est-à-dire une société ethnique comme on les appelle, des petites communautés de centaines d'individus maximum, divisées en tribus, elles-mêmes divisées en clans. On peut identifier un groupe de soixante-dix chasseurs-cueilleurs, qui eux-mêmes appartiennent à une ethnie, etc. De la sorte, on peut retracer tout le groupe. C'est ce que Leroi-Gourhan essaie de faire à la fin des années 1930, début des années 1940, quand Marcel Mauss

---

32 Bertrand Gilles (dir.), *Histoire des techniques. Technique et civilisations, technique et sciences*, Paris, Gallimard, coll. « La Pléiade », 1978.

l'envoie faire de l'ethnographie. Il fait des relevés, et qu'est-ce qu'il découvre ? Eh bien, par exemple, il connaît très bien une région qui est le Pacifique nord et dans le Pacifique nord il y a des Esquimaux, des Indiens d'Alaska, et un certain nombre d'autres ethnies qui communiquent de manière très épisodique puisqu'elles sont plus ou moins en guerre. En principe ils s'évitent, mais parfois ils ne peuvent éviter de se rencontrer, soit parce qu'ils décident d'aller attaquer ou pour d'autres raisons. En principe aussi, chaque groupe a son système technique. Par exemple, les Esquimaux ont des raquettes. Tu ne peux vivre dans le cercle arctique sans raquettes, il faut marcher dans la neige, etc. Que se passe-t-il au moment de la glaciation la plus récente, c'est-à-dire juste avant le néolithique ? Eh bien, tout à coup, il y a sept mètres de neige dans les montagnes Rocheuses, là où vivent les Indiens : ils sont obligés d'adopter la raquette. Mais ils ne veulent pas l'adopter car ils savent que s'ils l'adoptent ils vont devoir adopter des trucs des Esquimaux, et ils ne veulent surtout pas devenir des Esquimaux ! Alors, pourquoi je donne cet exemple ? Parce qu'alors, si on saisit ça, une société suit toujours un système technique, un *Système des objets*, pour le dire avec Baudrillard : par exemple, chez les Indiens, il y a un tipi, un arc, un cheval, etc. des centaines d'objets comme ça, qui sont plus ou moins stables, mais qui, de temps en temps, entrent en instabilité pour des raisons diverses, comme une glaciation, ou parce qu'ils sont envahis, un envahisseur qui amène du whisky et des fusils, etc. Et, tout à coup, la société va être « épokhalisée » par la *tekhnè*, c'est-à-dire qu'il y a une *épokhè* technologique, une suspension des modes de vie qui existaient jusqu'alors et qui étaient étayés sur une certaine technologie, ces modes de vies sont bousculés parce qu'une autre technologie s'est imposée.

Le premier temps, c'est l'*épokhè* au sens de la suspension. C'est la crise en fait, ça ne se présente pas du tout comme une époque, ça se présente comme une absence d'époque. Il n'y a plus d'époque, tout fout le camp, on est complètement perdus, on ne s'y retrouve plus, c'est la grande crise de la Renaissance, les crises successives qui ont été décrites. Or, qu'est-ce qui se passe ensuite ? Il y a une recomposition qui se produit. Par exemple, Luther arrive et va reconstruire une collectivité sous forme de l'Église réformée, etc., et puis les Jésuites, et puis je ne sais pas quoi. C'est ce que j'appelle le second temps du double redoublement épokhal. C'est très compliqué, bien entendu, parce qu'il y a diverses échelles de temps. Par exemple, ce qui se produit au tout début de l'hominisation, c'est un million d'années pour passer du chopper au biface. Un million d'années ! C'est inconcevable pour nous, un million d'années. Cela parce qu'à l'époque l'homme n'évolue pas plus vite que les castors, à peine plus vite – quand même un peu plus vite. C'est ce qui m'a réjoui dans ta référence à Anaximandre, sur laquelle je clos *Qu'appelle-t-on panser ?* et sur laquelle je reviendrai dans le second tome, en commentant aussi le texte de Heidegger sur justice et *tekhne*. C'est ça l'enjeu. Et je voudrais le montrer en passant par Rudolf Boehm.

MBK : Anaximandre parle de justice. Il ne parle pas de technique, mais l'explication du moment de la *tekhnè* y est.

BS : Tout à fait. Donc, le double redoublement épokhal, ce sont ces deux temps-là, sachant que c'est très compliqué, parce qu'à chaque époque, ça change. Là où il faut un million d'années au début de l'hominisation, à l'époque des Grecs ça prend quelques centaines d'années, même pas. Mais pour nous, aujourd'hui, c'est une semaine, dans certains domaines. Donc, c'est très difficile de gérer les changements d'échelle des temps.

Deuxième Partie

La tâche critique de la philosophie

L'héritage critique et sa nécessaire transformation

L'idéologie et la tâche critique

MC : *Après avoir compris l'importance que revêt pour vous la question de la crise, il est temps de nous intéresser à la tâche proprement philosophique grâce à laquelle il devrait être possible de faire face à cette crise, je veux dire la tâche critique. Cette notion de critique, que vous revendiquez plus ou moins explicitement, vous rattache inévitablement à celui que vous voulez sauver, à savoir Kant. Sachant que, ce que j'appelle de manière ici très naïve un rattachement à Kant doit, en raison même de la tâche critique, être thématisé, comme par exemple l'a fait Derrida, avec la notion d'héritage. Et Kant lui-même le fait à la toute fin de la* Critique de la raison pure, *dans « la théorie transcendantale de la méthode », la partie qu'il nomme « Histoire de la raison pure », où il sélectionne ce qu'il faut commenter. Ceci étant posé, avec déjà, je pense, un certain nombre d'échos, j'en viens à une question, que je poserai de deux manières simultanées. La première est un peu massive et consiste à vous demander : pourquoi est-il encore pertinent de critiquer ? Car la légitimité de l'opération critique n'a rien d'évident, surtout depuis Marx et Engels, et leur* Critique de la critique critique *renommée* La Sainte famille, *jusqu'à Derrida abandonnant en un sens la critique au profit de ce qu'il appelle l'hypercritique – mais que toi, Bernard, tu interroges dubitativement –, mais aussi jusqu'à la dénonciation par Rancière des « Mésaventures de la pensée critique[1] » où il fustige nommément Debord, en montrant qu'il est l'archétype de ce qui advient inévitablement à la critique, c'est-à-dire un enfermement stérile et contreproductif. Je pense*

---

1   Jacques Rancière, *Le Spectateur émancipé*, Ch. II, Paris, La fabrique, 2008.

également au texte que Tristan Garcia t'a consacré, Mehdi, « Critique et rémission » …

MBK : Aujourd'hui je surnomme son texte « Critique ou démission » (*rires*).

MC : …*qui, à l'origine, était une intervention au colloque à l'ENS, dont tu as fait mention, et qui l'a clôturé dans une certaine émotion.*

MBK : Certes. Tristan a un talent fou, ce n'est pas la question.

MC : Alors, pour aborder cette question d'une seconde manière, je m'adresse à toi, Bernard, en te demandant si on peut dire que, dans ton travail, en particulier dans Pharmacologie du Front National[2] *puis dans* États de choc[3], *tu as trouvé comme solution à ce problème de la critique : la réhabilitation du concept d'idéologie, visant à proposer nouvellement pour la philosophie la possibilité de donner un sens à sa tâche critique.*

BS : Eh bien en effet oui, c'est tout à fait… c'est tout à fait ça, l'enjeu d'une pharmacologie du Front National. Livre, dans lequel j'essaie d'abord de rappeler que l'idéologie ça ne veut pas dire n'importe quoi. Chez Marx et Engels ce n'est pas simplement le fait d'avoir des idées ou je ne sais pas quoi : l'idéologie c'est ce qu'il faut combattre. Donc, il n'y a pas d'idéologie marxiste, par exemple – pour Marx, ce n'est pas possible. Le marxisme c'est ce qui combat l'idéologie ; s'il y a une idéologie marxiste, c'est qu'alors, à ce moment-là, il y a une trahison du marxisme.

MBK : Vaste question.

BS : Ben justement. Après, on a oublié ça. Et en oubliant ça, on a aussi oublié le début de *L'Idéologie allemande*, c'est-à-dire le fait

---

2   Bernard Stiegler, *Pharmacologie du Front national*, Paris, Flammarion, coll. « La bibliothèque des savoirs », 2013.
3   Bernard Stiegler, *États de choc. Bêtise et savoir au XXIe siècle*, Paris, Mille et une nuits, coll. « Essai », 2012.

qu'il faut lutter contre l'idéologie parce que ce qui produit l'idéologie à l'époque, de l'idéalisme allemand, de Hegel à Stirner etc. ...

MBK : De tout le monde.

BS : ... de tout le monde. Ce qui produit l'idéologie allemande, c'est la technique. C'est-à-dire que la réalité se passe dans l'immanence des pratiques techniques, avec les organes artificiels du travail. On nous raconte que ça tombe d'Ouranos et , mais ça c'est le discours de la bourgeoisie, disent Marx et Engels. En tout cas, la classe dominante. Et il faut remettre les choses à leur place : ça, c'est la tâche de la critique. Marx n'emploie pas le mot à ce moment-là. Mais pour moi c'est de ça qu'il s'agit, et c'est ça faire de la critique. Maintenant, le mot « hypercritique », je le reprends à mon compte... Comme je n'ai pas écrit ce que je devais dans le deuxième tome de *Qu'appelle-t-on panser ?*, j'écris un troisième tome qui s'appellera *Déconstruction et destruction*. Il va vraiment être consacré, en partie, pas totalement, mais quand même beaucoup, à clarifier les rapports de ma pensée à celle de Derrida, notamment sur cette question de la critique et de l'hypercritique. Pour moi, il ne faut absolument pas abandonner la critique. Plein de gens ont un rejet du mot crise, à commencer par les négristes qui disent « c'est pas une crise », etc. Pourquoi ? Parce qu'ils entendent ça avec les cycles de Kondratieff, la théorie économique de la crise. Ou bien ils l'entendent...

MBK : Alors ça, c'est de l'idéologie. Je fais juste une parenthèse, pour moi l'idéologie pourrait se définir aujourd'hui, dans la sphère philosophique, par ce que j'appelle, « résorption ontologique ». C'est-à-dire que dès que vous constatez quelque chose comme la crise, vous la résorbez dans un argument ontologique quelconque. Et ça, c'est idéologique au sens marxiste strict pour moi. On met la charrue avant les bœufs, c'est-à-dire l'ontologie avant la crise. Être critique, c'est donner priorité à la crise, c'est-à-dire aux souffrances réelles et à ce que tu appelais le désespoir contemporain, c'est d'abord donner voix à cette souffrance massive et seulement *ensuite* aviser au type d'ontologie qui s'ensuit. L'idéologie, et elle triomphe aujourd'hui comme du temps de Marx, c'est au contraire de dire : nous avons nos ontologies bien mitonnées à la maison, et *ensuite* seulement on va regarder aux souffrances des gens et voir quelle place leur accorder dans nos « systèmes » qui pour comble ne sont même pas des systèmes, mais, à point nommé, seulement des « ontologies » : « les choses sont comme ci, les choses sont comme ça ».

BS : Tout à fait et, par ailleurs, je dirais que c'est la crise dans sa pratique la plus banale aujourd'hui, puisque ce mot est au départ un mot de médecine, en fait, un mot d'Hippocrate qui ensuite est devenu un mot des philosophes, et qui veut dire sélection. Je vais y revenir dans un instant, pour enchaîner sur ce que tu disais tout à l'heure. Pour les gens, eh bien une crise, elle a une solution. C'est-à-dire qu'il y a une crise, et il faut surmonter la crise, voilà. Il y a un après la crise. Et ça, c'est catastrophique comme vision des choses. Une vision tragique c'est : il n'y a pas de solution. La crise, c'est une situation à l'intérieur de laquelle il faut critiquer. Et ce n'est ni bon ni mauvais, c'est un destin. C'est destinal.

MBK : C'est une tâche.

BS : C'est une tâche. Et on ne sortira jamais de la crise car la crise ça veut dire : le jugement, *to krinon*. Le jugement, c'est la crise. Plus exactement, ce n'est pas la crise, c'est l'expérience de la crise, le jugement. On ne juge que quand on a une crise à juger…

MBK : Donc, il n'y a que la crise….

BS : Donc, il n'y a que la crise.

L'historicité de la critique

BS : Maintenant, il faut ajouter qu'il y a une histoire de la crise, plus exactement de la criticalité. Ça enchaîne sur ce que je disais tout à l'heure à propos du le double redoublement épokhal, mais aussi sur l'exosomatisation, et là je redis quelque chose sur Alfred Lotka, juste pour resituer, pour l'entretien.

Lotka c'est un biologiste, au départ juste un mathématicien, qui fait des mathématiques appliquées à la biologie. Il est devenu célèbre parce qu'il a formalisé à travers une équation les rapports proie-prédateur, ça s'appelle l'équation de Lotka-Volterra. Donc, il est très connu en biologie, dans la génétique des populations. Mais il n'est pas connu pour ce qui, à mon avis, est le plus important. D'abord, tout ça, il l'a fait en utilisant des modèles d'entropie. C'est donc un type qui connaît très bien la théorie thermodynamique de l'entropie, il a regardé comment on pouvait utiliser des formalismes de la thermodynamique dans le champ des grands nombres, de la génétique des populations etc. Sachant que c'est avant Schrödinger donc il n'y a pas encore de théorie de l'entropie négative. Il est très à l'aise avec toutes ces questions-là, il connaît ça de toute première main, et il travaille sur la biologie humaine, voilà. Il a vécu la Première Guerre mondiale, il a vécu la Seconde Guerre mondiale et à la fin de celle-ci il lit un rapport – je ne sais plus quel est l'organisme qui a publié ce rapport –, sur les souffrances des populations civiles européennes à cause de la Seconde Guerre mondiale. Il avait déjà écrit en 1922, après la Première Guerre mondiale, sur l'incroyable puissance de destruction que représente l'humanité, mais au vu de ce rapport sur la Seconde, il dit que là, ça dépasse tout, au point que ça impose de repenser la biologie humaine. Alors, il lui apparaît très clairement que l'être humain n'est pas un être comme les autres, il a des organes artificiels et ces organes sont absolument destructeurs. Autodestructeurs. Donc, si l'homme n'est pas capable de se donner des critères par rapport à l'exosomatisation – puisque Lotka appelle ça l'évolution exosomatique, pour être très précis – eh bien, il est cuit. Ces critères lui étant fournis par des savoirs : un savoir, ce n'est pas simplement la mathématique et la biologie, ce peut être la religion, la cuisine, bref, tout ce qui fait une culture au sens large du mot. Pour lui, le problème est que ça s'accélère, ça ne s'arrête pas. Il parle de la disruption presque soixante-dix ans avant nous. Avant que ça n'arrive. Il dit que ça va être ça, le problème de l'humanité. C'est absolument génialissime, extrêmement clair ! Or, il ajoute un point extrêmement important, qui est aussi le plus dur. On discute beaucoup de la pertinence de l'orthogenèse, en biologie, chez les néo-lamarckiens, etc., lui, il est contre ça. Il y a des cas, peut-être, où c'est compliqué, mais il dit par contre qu'il n'y a aucun doute que l'homme est un être orthogénétique, car il n'évolue qu'en *se* donnant ses critères de sélection.

Or, qu'est-ce que la critique ? C'est ce qui doit produire des critères de sélection. De bons critères de sélection. Puisque *krinein* ça veut dire discerner, choisir, cribler. Au départ, le verbe *krinein* veut dire cribler, au sens où le maçon crible du sable, etc. C'est vraiment une question de sélection et donc moi ce que je crois – et là je reviens sur le deuxième point sur lequel je vais m'arrêter, sans trop m'étendre – c'est qu'il faut relire Kant à partir de ça. Cela suppose de poser, premièrement, que les savoirs, ce qu'on appelle les savoirs, dans tous les domaines du savoir, sont basés sur ce que j'appelle des rétentions tertiaires hypomnésiques, c'est-à-dire des rétentions tertiaires qui ont pour vocation de transmettre un savoir (l'écriture, les peintures paléolithiques, la transmission de contenus mentaux, le contenu symbolique, sous forme langagière, sous forme picturale, sous forme musicale, etc.). Deuxièmement, il faut dire que l'être humain est d'abord celui qui temporalise et, en temporalisant, qui sélectionne en permanence, c'est-à-dire effectue des rétentions primaires à partir de ses rétentions secondaires, ce qui signifie que ses rétentions primaires sont des sélections de ses rétentions secondaires, et qu'évidemment si je suis chinois ou si je suis européen je ne vois pas la même chose, en réalité, parce que je n'ai pas les mêmes critères tout simplement. Et tant mieux, en plus, car c'est une chance, qui donne ce que j'appelle de la noodiversité, de la possibilité d'invention nouvelle. Donc, si on est d'accord pour dire tout ça, eh bien il faut relire, premièrement, la déduction trans-cendantale, deuxièmement la théorie du schématisme de la seconde édition de la *Critique de la raison pure* et troisièmement le texte auquel tu te référais, Michaël, sur la fin de la critique, sur l'histoire. Pourquoi ? Parce que, ce qu'il dit à la fin, c'est qu'il faut sélec-tionner des textes. Eh oui, c'est ça la critique, c'est sélectionner ! Alors, il faut faire une relecture hypercritique de Kant, et quand je dis hypercritique ce n'est pas au sens de Derrida. Même si ça passe par Derrida, et ça ne me gêne pas du tout d'employer un mot de Derrida, mais ce n'est pas au même sens que lui que je l'emploie, pas exactement.

Il faut remarquer que les trois synthèses de l'imagination, sont en fait les trois figures de la rétention et de la protention. Rétention primaire, rétention secondaire et protention. C'est absolument clair, et ça ne saute pas aux yeux quand on lit la première critique, mais quand on lit *Kant et le problème de la métaphysique* de Heidegger là ça devient absolument évident. Même si Heidegger ne le dit pas, jus-tement. D'autant plus si on ajoute le fait que la critique de Kant c'est ce que j'appelle une repro-ductibilité, c'est-à-dire le fait que Kant se relit, il s'auto-corrige, il relit ses manuscrits. Il publie en 1781, puis il est critiqué en 1787, et donc il se relit. Et il est influencé par les critiques, etc. etc. Ça, c'est la rétention tertiaire qui joue le rôle fondamental de réorganisation des flux de protention et de rétention.

Alors, premièrement, on est obligé de tenir compte de la rétention tertiaire, c'est-à-dire de la technique. Ce qu'évidemment Kant a totalement exclu : *Théorie et pratique* c'est l'exclusion de la technique, c'est la position d'Aristote, tout à fait classique. Mais deuxièmement, il faut intégrer l'entropie. Car la grande question de la raison, finalement, chez Kant, c'est le règne des fins, et à partir du moment où la théorie de l'entropie apparaît, et fait entrer en crise Nietzsche, on ne peut plus penser le règne des fins comme le fait Kant. C'est impossible. Le cadre n'est plus newtonien, il est boltzmannien. Ça explose le cadre... Mais par contre ça ne veut pas dire que Kant est caduc, absolument pas. Au contraire, il est plus intéressant que jamais, mais il faut le relire avec Marx, avec Nietzsche, avec Boltzmann, etc. C'est ça que j'essaie d'élaborer, voilà, comme une hypercritique.

J'ajoute encore un mot concernant ce que j'ai essayé d'élaborer dans la postface de la réédition de *La Technique et le Temps*. La noèse a une histoire. La noèse, c'est ce qu'on appelle généralement la raison, mais moi je ne veux pas appeler ça la raison parce que la raison, c'est trop massif : la raison ce n'est pas l'entendement, qui n'est pas l'intuition, qui n'est pas l'imagination. Il faut donc dire que la noèse c'est l'unité des quatre. Autrement dit, il est évident que la noétisation du paléolithique supérieur n'est pas la nôtre et ne peut pas être la nôtre, donc la noèse est en perpétuelle transformation. Ça, c'est complètement incompréhensible pour un métaphysicien classique. Le métaphysicien classique, il est convaincu que l'univers doit être identique à lui-même et la noèse aussi. Et c'est là que Whitehead est très important, parce qu'avec ses concepts de concrescence, de processualité, on peut commencer à faire une histoire de la noèse. C'est là aussi où Nietzsche est important, parce que c'est ce que Nietzsche a essayé de...

MC : Et peut-être le dernier Husserl, aussi, celui de la Krisis.

BS : Absolument.

MC : Husserl pour qui, comme l'a très bien montré Dominique Pradelle dans Généalogie de la raison[4], *il apparaît nécessaire de penser une historicité de l'*a priori.

BS : Tout à fait. Je n'en étais pas arrivé à... quand Derrida est mort, je n'avais pas les idées tout à fait claires là-dessus, mais on n'a pas eu l'occasion d'en parler, parce qu'au départ, j'étais quand même fasciné par Derrida. C'était un type absolument fascinant. Maintenant je crois que je ne le suis plus. Parfois, oui, je suis dans des moments de fascination, mais je ne suis plus tout à fait dans ce rapport-là. J'ai un peu écrit sur l'histoire de *L'Origine de la géométrie* chez Derrida car, je ne sais pas si vous l'avez noté, mais la première fois qu'il en parle, c'est très tôt, dans sa maîtrise en 1953, et il dézingue totalement Husserl. Il dit que c'est n'importe quoi, que Husserl est devenu totalement dingue, il ne raconte que des conneries, c'est un empiriste, etc. Plus tard, Derrida reprend la chose complètement autrement, il se remet à bosser dessus en 1958 et en 1962 le texte sort. Et là, c'est le contraire, il dit que c'est un texte génial, etc.

Mais il rate l'essentiel, pour moi. L'essentiel, c'est la rétention tertiaire. Pourquoi est-ce que c'est génial ? Parce que Husserl remet en cause toutes les analyses qui faisaient les bases de sa phénoménologie. Alors là, j'ai eu beaucoup de problèmes avec les phénoménologues patentés, Courtine, etc., parce que ça, ils ne peuvent pas l'accepter. Mais pour moi, c'est gravissime qu'ils rejettent ça parce que, du coup, ça enferme Husserl dans une espèce d'histoire, justement, dont il ne peut plus sortir, alors que Husserl c'est l'avenir quand même. Si on le lit comme ça, il a un avenir formidable, quoi.

Les avant-gardes et l'autocritique

MC : Mehdi, concernant plus spécifiquement ce que tu as écrit à propos de cette question de la tâche critique de la philosophie, je souhaiterais te demander en quoi, ou comment, pour toi, cette question

---

4   Dominique Pradelle, *Généalogie de la raison. Essai sur l'historicité du sujet transcendantal de Kant à Heidegger*, Paris, PUF, coll. « Épiméthée », 2013.

de la critique, en tant qu'elle peut avoir lieu en dehors de l'Université, et en tant qu'elle peut s'inscrire dans une histoire qui n'est pas, disons, directement kantienne en ce sens-là, comment cette question, donc, a pu exister au XXe siècle à travers les avant-gardes, et en quoi la critique, hors Université, produite par les avant-gardes, est pour toi un échec.

MBK : À quelles avant-gardes penses-tu ? Il y en a tellement...

MC : Je pense à l'avant-garde à laquelle tu as participé après coup, avec le groupe Evidenz à la toute fin du XXe siècle[5], et qui se revendiquait d'un certain post-situationnisme. Je pense aussi, plus particulièrement, au fait que lorsque tu t'inscris dans cette histoire-là, c'est précisément le moment où l'avant-garde meurt, et, par conséquent, le moment où la critique produite par l'avant-garde s'avère déjà, en réalité, une critique qui est sortie de l'avant-garde.

MBK : Là, ça me fait penser à la phrase de Guy Debord disant qu'il il faut admettre qu'il n'y a pas de réussite ou d'échec pour Guy Debord, et ses prétentions démesurées (*rire*). Tout de suite, je me dis qu'il ne faut pas interpréter les choses en termes de réussite ou d'échec, mais plutôt en termes d'époqualité. Là, je me suis occupé d'un numéro pour *Diaphanes* que je vous filerai tout à l'heure, sur, précisément, la clôture des avant-gardes[6]. Il faut réfléchir en termes d'époque. Oui, les avant-gardes sont finies. Réfléchir là-dessus en se demandant si elles ont réussi ou échoué... tu peux décider aussi bien l'un que l'autre. Elles ont réussi en échouant, ont échoué en réussissant, et Debord, encore lui, parle parfaitement bien de tout ça, quand il dit par exemple que les avant-gardes n'ont qu'un temps, et que ce qu'il peut leur arriver de mieux, c'est, au plein sens du terme, d'avoir fait leur temps. On ne peut mieux indiquer comment une avant-garde échoue là même où elle réussit et réussit là même où elle échoue.

---

5   Mehdi Belhaj Kacem (dir.), *Du désœuvrement*, Paris, Tristram, *Evidenz*, n° 1, 1999 ; Mehdi Belhaj Kacem et Chloé Delaume (dir.), *De la ludicité*, Paris, Sens & Tonka, *Evidenz*, n° 2, 2002.

6   Cf. *Spectres de l'avant-garde*, Berlin, revue *Diaphanes*, n° 6/7, 2019.

Je reprends ton assertion selon laquelle les avant-gardes sont le dehors de l'Université, mais ce n'est pas aussi simple. Ça peut être à l'intérieur même de l'Université que le combat d'avant-garde a lieu. À l'époque de *Tel quel*, et j'interroge Sollers là-dessus dans ce numéro de *Diaphanes*[7], Derrida, Barthes, Foucault, etc. sont clairement identifiés comme ce qui représente l'avant-garde en philosophie. Aujourd'hui, ça serait entre les métaphysiciens (c'est-à-dire ontologues, c'est synonyme, se prétendre ontologue aujourd'hui c'est *ipso facto* se déclarer métaphysicien) et l'anti-métaphysique, qui serait l'avant-garde. Là-dessus, soit dit en passant, je reste plus kantien que nietzschéen ou heideggérien pour ce qui touche à la critique, à point nommé, de la métaphysique : si par exemple Garcia m'assigne au rôle honorifique de « dernier » critique, c'est qu'il a une conception extrêmement métaphysique de la philosophie. La critique de la métaphysique, il ne sait même pas de quoi il s'agit.

Je dirais que pour comprendre le rôle des avant-gardes là-dedans, il y a toute une dialectique de la modestie et de la prétention. On peut accuser Debord de mégalomanie. Mais je dirais qu'être critique, c'est être modeste. Le geste kantien c'est ça. C'est de dire : arrêtons de faire tourner la conscience autour des choses, parce que ça, en réalité, sous couvert de modestie, celle de l'ontologue qui dit « je vais me contenter de dire que les choses sont comme-ci, que les choses sont comme ça », en fait, c'est le point de vue de Sirius. Cette fausse modestie est donc en réalité d'une prétention incroyable, alors que Kant dit que, pour lui, la critique c'est descriptif. Ce qui me semble être un point commun entre Bernard et moi, c'est une modestie descriptive des choses. La différence entre son travail et le mien, c'est que lui décrit la technologie, il en parle en termes de modifications noétiques. Il décrit les modifications technologiques en tant que telles et la manière dont toute noèse est affectée par ces modifications : des modifications de la rétention tertiaire qui sont la même chose que les modifications de la noèse. Là, on est très loin de tout discours métaphysique, donc ontologique, ontologique donc métaphysique. Moi, de mon côté, et c'est pourquoi un tiers

---

7   Mehdi Belhaj Kacem et Philippe Sollers, « *What ist he Meaning oft he Avant-garde's Death* », dans *Spectres de l'avant-garde*, Diaphanes, n°6/7, 2019, p. 35-41. Publié en français : « Philippe Sollers – Mehdi Belhaj Kacem, La mort des avant-gardes (entretien). » dans *L'Infini*, Paris, Gallimard, n°144, mars 2019.

philosophe qui s'inspirerait de nos travaux respectifs et proposerait une synthèse serait providentiel (*rire*), je me contente de décrire les *retombées* de la technologie sur l'animal humain, pas spécialement au niveau noétique, mais plus à un niveau phénoménologique, au sens de Hegel plutôt que de Husserl, au sens d'une historicité du Mal. C'est ma manière de m'opposer à toute métaphysique, donc à toute « ontologie », en disant : assez de ces descriptions de Sirius, assez de ces discours qui disent qu'une planète ou un macaron ont le même statut que l'être humain, ça je m'en fous complètement. Même si c'est vrai. En fait, ce n'est ni vrai ni faux. Le critère de la métaphysique chez Kant, ce n'est pas que ce soit faux, mais que ce soit par-delà le vrai et le faux, c'est ça la métaphysique, un discours indécidable, arbitraire sur les choses. Du coup, la modestie critique est une prétention qui s'arme de mille précautions pour atteindre un discours vrai, lui, qui fasse pièce à celui du métaphysicien. C'est ça sa prétention à lui. Pour mettre à l'épreuve les énoncés de la métaphysique, il suffit de prendre n'importe lequel et de former une phrase qui dise l'opposé : on s'aperçoit toujours que ça revient exactement au même, ça n'a ni plus ni moins de valeur de vérité que la première phrase. J'en donne dans mon livre des exemples croquignolets. Si tu dis « cette chose est seule ». Bon. Et si tu dis « cette chose est accompagnée », qu'est-ce que ça change ? Ça a l'air simpliste présenté comme ça, mais le fait est que pour moi l'Université est pleine de discours comme ça.

Là où Bernard s'attache aux bougés noétiques de l'évolution technologique, je fais un descriptif extérieur, je prends l'être humain comme une pâte ou une cire que malaxe la technologie, en sorte que c'est, si j'ose dire, la difformité « extérieure » qui m'intéresse, même si comme Bernard je fais grand cas de la folie, mais chez moi ça sera toujours la manifestation extérieure, sociale, de la folie qui sera mise à la question. Je le répète : un philosophe qui parviendrait à faire la synthèse entre la phénoménologie « intérieure » de Bernard et la phénoménologie « extérieure » de mon travail pourrait atteindre à des résultats très surprenants philosophiquement.

Les gens vont facilement dire, par exemple, que je suis « mégalo », alors que la critique est une exhortation à une description modeste des phénomènes, c'est le réquisit phénoménologique que nous avons en commun avec Bernard, et qui trace une ligne de démarcation très nette avec les « ontologues », qui, eux, partent du concept puis vont aux choses. Nous, nous partons de la chose même pour forger les concepts, c'est ça l'attitude critique dans sa modestie réelle, mais dans sa prétention à la vérité davantage fondée que celle des discours métaphysiques en tous genres. L'ontologue affirme directement que les choses sont selon son concept, il dit qu'il n'y touche pas et c'est ça la métaphysique, c'est statuer sur tout et son contraire sans aucune légitimité. Tu décrivais très bien, Bernard, la manière dont fonctionnait Kant, que, la critique, c'est, incessamment, l'auto-critique. On voit ça chez Debord, par exemple : la critique, c'est tout sauf seulement la critique des autres. Ce n'est pas seulement de dire que les choses ne vont pas bien. Les choses ne vont pas bien mais ça ce n'est pas de notre faute. Même si chez Debord il n'y a pas cette profondeur de la conscience époquale, il n'y a pas cette profondeur-là qu'on peut exiger d'une vraie philosophie – ce que la pensée de Debord n'est pas. Cette profondeur historiale que, disons-le sans fausse modestie, a Bernard et que je crois avoir. Mais chez Debord le diagnostic est bon. C'est ça qui compte : le descriptif, la justesse descriptive. Combien d'ontologies universitaires ont été oubliées, ou sont restées sujettes à du pur ergotage, quand la pensée de Debord, aux moyens bien plus modestes en apparence, a mordu sur un réel qui partout nous saute aux yeux ?

BS : J'ajouterais volontiers un point sur Kant, quand même pour nous assez crucial. Quand je dis « nous », ce sont les vivants du XXIe siècle, y compris les papillons et les mouches. La critique de Kant c'est d'abord la critique de Wolff, c'est-à-dire de Leibniz.

MBK : Eh bien une certaine critique que je fais de l'usage des méta-mathématiques chez Badiou, je me suis aperçu qu'elle correspondait point pour point à la critique que faisait Kant des mathématiques wolffiennes.

BS : Voilà. Il y a des petits leibniziens, comme il y a de petits derridiens ou de petits deleuziens aujourd'hui, et ce sont ceux qui empêchent de lire. Pourquoi est-ce que c'est si important pour nous, indépendamment de notre statut de philosophes ? Parce que Leibniz c'est le point de départ d'une *mathesis universalis* dont l'aboutissement est la gouvernementalité algorithmique.

MBK : Absolument, c'est le propos de mon petit livre *Dieu*[8], mon livre le plus « stieglerien » soit dit en passant.

BS : C'est-à-dire que c'est l'enjeu de l'automatisation actuelle. Donc si on ne comprend pas...

MBK : ... que le transhumanisme c'est de la métaphysique réalisée...

BS : Oui, de ce point de vue-là. Mais aussi, si on ne comprend pas que Kant prépare, en fait, le travail que nous avons à continuer, et désormais de toute urgence, au XXIe siècle, eh bien on n'a rien compris à la critique. Il est là, l'enjeu de la critique, chez Kant.

MBK : Tout à fait. Là, c'est vraiment les figures tutélaires. Leibniz, pour les métaphysiques d'aujourd'hui, Kant, pour les critiques. Parce qu'il n'y a pas que les nouveaux réalistes à qui je pense, c'est aussi bien une vaste part de la philosophie analytique. En France, toute une part du travail de Frédéric Nef consiste en une défense et illustration des « métaphysiques d'aujourd'hui ». Non, dit-il, la métaphysique n'est pas morte, il y a de très bons ontologues, Lewis, Stout, Armstrong, etc., non, Wolff ne s'était pas trompé et c'était très bien, oui, la scolastique médiévale c'est excellent, etc. Il sait très bien ce qu'il fait.

La critique immanente et la transcendance de l'objet exotique

MC : À propos de ce conflit autour du terme métaphysique, n'oublions pas non plus que Kant lui-même se donne pour objectif de fonder une métaphysique nouvelle qu'il appelle philosophie transcendantale, dont la tâche critique n'est en réalité que le préalable. En ce sens, la distinction entre ces deux types de métaphysique que sont d'un côté la métaphysique transcendantale et de l'autre la métaphysique que Kant dirait « ontologique », et que Husserl appellerait

---

8   Mehdi Belhaj Kacem, *Dieu. La Mémoire, la Technoscience et le Mal*, Paris, Les liens qui libèrent, 2017.

« naïve », est cruciale pour comprendre le sens de notre question concernant la tâche critique aujourd'hui. Peut-être faut-il voir avec Husserl que, chez Kant déjà, faire de la critique consiste aussi en une sorte de déniaisement, ce que Husserl appelle, lui, la réduction, et que ce déniaisement consiste en ce que tu viens de dire, Mehdi, à savoir qu'il n'est plus possible d'avoir un point de vue de Sirius, qu'il faut sortir de toute transcendance, afin de produire une critique immanente. Or, ce problème-là, celui d'une critique immanente, il n'est pas certain que Husserl ait réussi à l'affronter totalement, parce l'idéalisme transcendantale implique quand même un retour...

MBK : Et c'est très clair chez tous les phénoménologues. Moi je suis, comme tout le monde, très pris par les phénoménologues, mais ils sont incapables de critique. Il faut un saut, quoi.

MC : *Sur ce problème, justement, j'ai l'impression, et là je m'adresse à toi Bernard, que la solution que le XXe siècle a trouvé dans cette tradition-là, disons de Canguilhem à Deleuze, même s'il semble étrange de les rapprocher ici, consiste à affirmer que l'immanence de la critique n'est possible qu'à la condition que l'exercice critique consiste à trouver ce que Canguilhem appelait, dans l'introduction à son ouvrage majeur,* Le Normal et le Pathologique, *une « matière étrangère ». Ce qu'on pourrait peut-être radicaliser avec Deleuze en parlant de matière exotique, c'est-à-dire quelque chose qui est encore impensé conceptuellement, et qui engage une pratique à travers laquelle une nouvelle critique devient possible. En un sens, il s'agit de ce que Deleuze appelle la « clinique », mais on pourrait l'appeler autrement. Ma question est donc la suivante : est-ce que, dans ton travail, l'objet technique fonctionne comme cette matière étrangère ou exotique, reprenant et prolongeant par là ce que Simondon aurait été le premier à découvrir ?*

BS : Compliqué, là. D'abord parce que Simondon, je ne suis pas simondonien sur ce plan-là, je pense que Simondon a quand même raté l'objet, en fait. Il a ouvert le dossier mais il ne l'a pas correctement instruit à mon avis. Il a ouvert un truc avec ce qu'il appelle les processus de concrétisation, mais en même temps il l'a aussi vite refermé qu'il ne l'a ouvert, parce qu'il n'y a pas d'individuation technique, chez Simondon. Or, c'est ça le sujet. Ce n'est pas simplement ce qu'il appelle le processus de concrétisation. Le processus de concrétisation ça décrit en fait un état, lié au machinisme industriel à partir du XIXᵉ siècle, ou du XXᵉ siècle avec les tubes électroniques et les machins comme ça. C'est extrêmement intéressant, mais il y a une individuation technique depuis l'origine, en fait. Depuis le début de l'exosomatisation. Donc Simondon, ce n'est pas suffisant.

Après, je pense, moi, que la question que tu posais, à propos de l'objet exotique, c'est plus généralement la question de ce qui crée ce que j'appelle des reliefs noétiques dans l'immanence. Ce que Simondon, mais alors sur un autre plan, appelait des « points-clés », et qui sont en fait... Deleuze parlait de transcendance dans l'immanence. Pas au sens husserlien du tout, mais au sens où, dans l'immanence, qu'est-ce qu'il y a ? Il y a du désir, en fait.

MBK : Chez toi, Bernard, on peut déterminer assez précisément ce que c'est, cette transcendance dans l'immanence. C'est la rétention tertiaire. S'il y a une pensée venue de toi qui m'accompagne sans cesse, c'est bien celle-là.

BS : Alors ça, c'est une chose dont je voulais te parler à propos de *Dieu,* de ce que j'appelle depuis peu de temps, je crois ne l'avoir jamais publié : l'exotranscendance. C'est-à-dire une transcendance qui va dans le sens de l'objet technique, ce qui va dans le sens de ce que tu dis. Mais, en même temps, pour moi, avant ça, si je puis dire, il y a la question des points-clés. C'est-à-dire que l'immanence ce n'est pas plat, ce n'est pas en deux dimensions, mais en trois, voire quatre dimensions. Ce n'est pas parce qu'on est dans l'immanence qu'il n'y a plus de relief, qu'il n'y a plus de profondeur de temps, qu'il n'y plus de profondeur de champ, au contraire même. Tout le travail sur le cinéma de Deleuze est aussi une instruction de cette question. Et si je dis cela, c'est parce que je reviens à des sujets que ni Simondon, malgré les apparences, ni Deleuze, n'ont posés en tant que tels – Deleuze beaucoup plus que Simondon car il a au moins essayé – c'est la question de la bifurcation : comment ça bifurque ? Or, ça bifurque toujours à partir d'une transcendance dans l'immanence, et cette transcendance dans l'immanence, qui est constituée par ce que je viens d'appeler l'exotranscendance, effectivement, de la rétention tertiaire, elle est ce dont on parlait hier quand tu n'étais pas encore arrivé, Michaël, elle est l'objet du désir. L'objet du désir est transcendant. Sinon il ne serait pas désiré.

Là, je fais une espèce de lecture très anachronique d'Aristote avec Freud, au sens où le *théos* du *Traité de l'âme,* à savoir le premier moteur immobile, moi je l'appelle l'objet de tous les désirs. Tous les êtres vivants désirent cet objet, c'est un mot employé par Aristote, hein : le désir du *théos.* Ils sont mus, plus exactement, ils sont mis en mouvement, et ce mouvement est animé par le désir. Alors, évidemment je ne parle pas du désir au sens de tous les mouvements des plantes et des animaux, mais je parle du désir au sens noétique du terme, même si Freud ne parle pas de désir, mais disons le désir au sens de Lacan, voilà. Ce désir-là est ce qui toujours reproduit de la transcendance dans l'immanence, et du coup lutte contre l'entropie : c'est l'objet néguentropique. Donc, c'est l'objet du désir classiquement sexuel, bien entendu, mais aussi du désir géométrique, du désir de n'importe quoi, en fait – et ça nous ramène à la question du travail. Quant à la question de l'objet exotique, je parlais tout à l'heure de Segalen, qui a donc écrit un essai qui s'appelle *Essai sur l'exotisme.* Et, quand on parle de la localité – là je reviens vers des objets très politiques, mais ce n'est pas séparable – tout à l'heure j'allais dire qu'il y a quelqu'un qui, aujourd'hui, a parlé de localité, c'est Marine Le Pen.

MBK : Bien sûr. Mais c'est dans le monde entier. Trump, Poutine, Salvini, Bolsonaro, etc. C'est ce qu'on disait de Nietzsche et Heidegger, la grande abréaction au mouvement d'universalisation et de déterritorialisation du Capital. C'est pourquoi ni toi ni moi n'avons de relation simple à la droite et à l'extrême-droite. De dire : « l'universalisme de gauche, c'est bien, le fascisme, c'est mal », ce n'est pas si simple. Tous ces néofascismes sont le symptôme de quelque chose qui ne vas pas au niveau même de l'universalisme progressiste. En gros, ce que dit la bien-pensance de gauche, en particulier universitaire, c'est : la rétention tertiaire, c'est bien ; tout est bon à prendre ; la délocalisation, la déterritorialisation, c'est merveilleux ; il n'y a pas que Marine Le Pen. Si on constate cet effet général, impronostiqué il y a encore trente ans, de retours fascisants, on ne l'a pas analysé.

BS : Exactement. Ce que je soutiens moi, c'est qu'on n'a pas voulu prendre en compte la thermodynamique. Parce que l'universalisme dont tu parles, c'est un universalisme abstrait, newtonien, qui est totalement une localité. La théorie newtonienne de la gravitation et tout ce qu'on veut, oui, bien entendu, c'est vrai, mais c'est une localité. Et ces gens-là ne l'ont même pas encore compris. Ce n'est même pas qu'ils n'en ont pas fait le deuil : c'est qu'ils n'ont même pas commencé à comprendre le problème. Et ça c'est effarant, là je parle de Marine Le Pen parce qu'on est en France, qu'elle faisait un discours à Metz au mois de mars que j'ai analysé, un truc que je suis en train d'écrire, et qui était d'une efficacité terrifiante. Terrifiante. Parce qu'à certains moments, en effet, on ne peut pas dire qu'on est contre. C'est extrêmement compliqué. Comment on fait avec ça ? Eh bien il faut en passer par l'exotique. Et c'est pour ça que je reprends cette idée d'objet exotique, que tu proposes, Michaël, à partir de Deleuze, parce qu'il y a quelqu'un d'autre qui parle de la localité, c'est Segalen et il en parle comme étant la localité exotique. Il dit qu'il ne faut pas s'y tromper : l'exotique, ce n'est pas l'agence Cook ! L'exotique c'est d'abord *moi*. Il faut que j'en passe par les Maoris – Segalen était capitaine de bateau, hein, c'était un marin – pour pouvoir revenir à moi, pour m'exotiser. Vous allez me dire que c'est Rousseau relu par Lévi-Strauss. Pas du tout ! Parce qu'il parle de l'exo-, dans « exotisme » il y a « exo- » , et que veut dire exo- ? Segalen dit que c'est du dehors irréductible. On croirait du Derrida !

MC : Oui, c'est la thématique du détour.

BS : Oui, c'est le détour. C'est aussi le dehors qui est le dedans, etc., et il dit ça en 1912. Or, là, au lieu d'avoir un localisme identitaire, parce que c'est ça que produisent les Bolsonaro etc., c'est un localisme de la différance, exosomatique. Donc, tous ces matériaux fournis par Deleuze, par Derrida, il faut les réagencer, il faut se les réapproprier, non pas pour faire de l'exégèse deleuzienne ou derridienne, mais pour faire face à l'anthropocène. Et pour éviter que ceux qui font face à l'anthropocène ce soit l'extrême-droite. Alors évidemment, là, il faut demander à Marine Le Pen ce qu'elle pense de Bolsonaro et de l'Amazonie, et qu'est-ce qu'elle pense du climatoscepticisme de Trump, puisque maintenant elle prétend être devenue écologiste. Elle est pleine de contradictions, comme j'ai essayé de le montrer dans *Pharmacologie du Front National*, en rappelant que son père était un reganien et que, ça, elle ne pouvait pas l'assumer, mais qu'elle ne pouvait pas le contester non plus. Donc en fait c'est du vide, c'est du vent, ce n'est pas rationnel, etc.

Je viens de lire ton livre, Mehdi, sur les émeutes de 2005, *La Psychose française*. Ça, c'est super important. Le déni que tu décris par rapport à ça. On ne sait pas quoi en faire de ces mômes des banlieues, de Sarcelles etc., parce que c'est ça la question de l'exosomatique et de l'exotique, de l'objet exotique, etc. Comment est-ce qu'on est incapable de faire quoi que ce soit des jeunes émeutiers des banlieue de 2005 ? Deleuze aurait été là, il aurait su en faire quelque chose. Deleuze et Foucault étaient des gens qui savaient faire avec ça. Leurs pauvres héritiers ne font que les singer, et du coup ils ne font que répéter des objets du XXe siècle ! C'est ça, pour moi, les enjeux de ta question.

L'intérêt critique de la sexualité

MC : Pour essayer de voir comment chez toi, Mehdi, cette notion d'objet exotique pourrait fonctionner, et en reprenant ce que tu as dit précédemment en marquant une différence avec Bernard, à savoir que ton travail consiste à décrire les effets de la technologie sur l'homme, est-ce qu'on pourrait dire que ton travail s'est nourri de tout un ensemble d'objets qui ont été exotiques au moment où tu les as travaillés, comme le jeu vidéo ou la pornographie ?

MBK : Ce sont des objets devenus familiers à tout le monde…

MC : C'est pour cela que j'en parlais au passé. Mais, au moment où ils surgissent, ils sont encore exotiques.

MBK : Oui tout à fait. C'est une question que je voulais poser à Bernard sans oser prononcer le mot – pornographie – mais cette question d'économie libidinale, concrètement…

MC : On peut dire que ces nouveaux objets, qui sont apparus dans les années 1990 de manière massive, comme le jeu vidéo et certaines formes de cinéma, ont agi sur toi comme une matière à penser.
MBK : La pornographie, maintenant, est tellement intégrée, y compris par les femmes, que même ce que j'ai dit de novateur à une époque

paraît complètement banal d'ores et déjà, c'est allé très vite. Ça a choqué quand je l'ai dit à l'époque et aujourd'hui tout le monde a oublié. Je trouve par contre que le jeu est toujours aussi prégnant, exotiquement parlant. Il est toujours aussi « étrangifiant » ; par rapport à ce qu'on appelle classiquement en philosophie, l'esthétique, je trouve que les philosophes ne l'ont toujours pas pris en compte. Autant, pour moi, la question de la pornographie est quasiment réglée, au sens où ça ne change rien par rapport aux fonctionnements fondamentaux du désir tels qu'ils se sont posés. Mais c'est ça la question que je voulais poser à Bernard : comment définit-il son travail par rapport à cette immense économie libidinale qu'est le porno, ce marché du désir, quoi ? Parce que le porno, c'est exactement une supplémentation de la sexualité par la technologie. Mais pour moi, c'est une question réglée, alors que le jeu reste étrange. Aussi paradoxal que ça paraisse, je trouve que le porno s'est tellement banalisé qu'aucune question réellement neuve par rapport à la sexualité ne se pose par ce biais – comme je l'ai cru un temps. Des questions très neuves se posent en sexualité, sur la sexualité féminine par exemple, mais pas spécialement par le biais du porno, même si parfois sa valeur documentaire constitue peut-être bien une nouveauté époquale non négligeable.

Une autre différence avec ce que je disais concernant la description de la technologie et la description de l'effet technologique. Pour aller très vite, si je parle tellement de sexualité dans mon travail, c'est parce que le nouage entre exosomatisation et quasi-endosomatisation, là, dans la sexualité, on l'observe phénoménologiquement de la manière la plus évidente. Les philosophes par pudibonderie ne l'explorent pas, alors que c'est un trésor phénoménologique et cognitif intarissable. C'est un tapis rouge philosophique. Il n'y a aucun domaine où tu puisses observer, de manière quasiment clinique, le nouage du technologique et du biologique, que dans la sexualité. Il suffit presque de décrire tous les nouveaux objets désirants qui surgissent pour faire de la philosophie ! Tu décris, à cru, des exosomatisations qui deviennent, à l'œil pour ainsi dire nu, des endosomatisations. Et je parle de choses très concrètes, comme la ménopause, dont il ne fait aucun doute que c'était à la base une sorte de technique sexuelle devenue à travers les âges, une caractéristique biologique. C'est fascinant à ce point-là.

MC : Je me souviens d'un séminaire[9] *où tu as travaillé, Bernard, le texte* Métamorphoses de la parenté, *de Godelier*[10]*, qui posait cette question-là, non pas de la sexualité en tant que telle, mais plutôt de la reproduction et de la parentalité. En substance, ta critique consistait à dire cela : même s'il cherche à penser le caractère machinique du corps, Godelier ne le pense pas. Parce que, sur cette question de la transmission, mais cette fois par le détail de la sexualité, il est nécessaire, aussi, d'utiliser la puissance critique de la question technique.*

BS : Je vais essayer de répondre à la fois sur Godelier et sur la question du désir. Ce que je crois, c'est que le discours de Godelier, que je trouve très alambiqué, dans ces passages-là, il vient, à mon avis, du fait qu'il est comme un concentré de toutes les contradictions du XXᵉ siècle. Élève d'Althusser, élève de Lévi-Strauss, qui a voulu être en plus son remplaçant après avoir été son assistant, qui s'est fait écarter – ça je le sais par des amis qui le connaissent bien, il en a fait une maladie – et qui, par ailleurs, comme tous les gens qui étaient formés à l'école d'Althusser, a eu quelques difficultés, ensuite, à enchaîner. Je dis cela parce que Godelier devrait normalement, en tant qu'ancien marxiste (je ne sais pas s'il se définit toujours comme marxiste), en tant qu'un des proches d'Althusser, en tant qu'espoir de l'écurie d'Althusser dans le champ de l'anthropologie, il aurait dû être extrêmement attentif à la question de la technique. Et que dalle. Le problème est qu'il a fait le choix – et alors là pour le coup on retrouve l'institution –, dans le champ de l'anthropologie, de suivre Lévi-Strauss, qui est le grand ennemi de Leroi-Gourhan. Or, il trouve le moyen dans ce livre de parler du cerveau et des outils sans citer Leroi-Gourhan ! C'est quand même… c'est honteux, comme pratique, parce que c'est antiacadémique, c'est mentir aux étudiants, c'est leur dissimuler quelque chose. Mais si je dis ça, ce n'est pas parce que je voudrais régler un compte avec Godelier. C'est pour définir un arrière-plan à partir duquel seulement on peut comprendre ce qui se passe. Qu'est-ce que dit Godelier et qui me choque

---

9 Cf. Séminaire « Nouvelle critique de l'anthropologie – Rêves, cinémas, cerveaux », *Pharmakon.fr*, 2014 (URL : https://pharmakon.fr/wordpress/le-seminaire/seminaire-2014/).

10 Maurice Godelier, *Métamorphoses de la parenté*, Paris, Flammarion, coll. « Champs Essais », 2010.

énormément ? *Grosso modo*, il s'aligne sur les positions d'Irène Théry qui défend la GPA, une sociologue de l'EHESS, en conflit avec Sylviane Agacinski sur ce sujet – Agacinski avec qui sur ce point je suis d'accord, la GPA c'est une commercialisation et une prostitution officialisée de tous les ventres des femmes du tiers-monde. C'est tout à fait la réalité. Moi, quand j'ai enseigné à Londres, j'ai commencé, je crois, en 2018, et la première fois que j'ai pris le métro, j'ai vu une publicité disant aux femmes : « vendez vos œufs ». Comme des poules ! Et je me suis dis : mais qu'est-ce que c'est que ce truc ? C'est démentiel ! On parle comme ça aux femmes ? « Vendez vos œufs » ? Et ce Godelier qui était un marxiste déchaîné, un coco de première, il ne voit pas le capitalisme dans cette affaire, il ne voit rien, il ne voit pas que c'est une soumission de toute la vie – la *vie* ! – en général, et la vie humaine en particulier, de la parentalité. Une soumission à quoi ? Au marché. Un point c'est tout. C'est la marchandisation totale de tout : le sperme, les œufs, les ventres. Les mômes. Tout. Et qui conduit à des choses absolument effroyables.

Alors, dans cette affaire, pour moi, la question est pharmacologique. Et là je reviens à la technologie, c'est-à-dire à l'exosomatisation puisque c'est ça la technologie, et j'y mets le langage, moi. Si la langue peut mentir, c'est parce qu'elle est un *pharmakon*, voilà. Donc on peut toujours mentir, on commence toujours par mentir. D'une certaine manière, il y a une obligation de mentir dès qu'on parle, dès qu'on se met à parler, voilà. C'est pour ça qu'il y en a qui arrêtent de parler, d'ailleurs, hein (*rires*). On ne peut pas faire autrement, mentir par omission, mentir par réduction… l'exosomatisation générale, dont le langage fait partie pour moi, elle est pharmacologique. Donc, elle produit toujours, en tant que *pharmakon*, des toxines, et ces toxines ce sont des courts-circuits. Ces courts-circuits vont consister, par exemple, à court-circuiter la parentalité. Pourquoi dit-on que ce n'est pas bien de court-circuiter la parentalité ? Parce qu'on est catho, ou crypto-catho ? Pas du tout ! C'est parce qu'il y a un mec, il s'appelle Freud, qui explique qu'un môme a besoin d'identification primaire ; si on le prive d'indentification primaire, il n'a plus de boussole noétique, morale, etc., il va se désocialiser, il va en prendre plein la gueule, ou bien il va en foutre plein la gueule aux autres, et donc c'est un grand problème. Ça, c'est complètement dénié par Godelier, il ne voit même pas, le problème.

MBK : Mais ça, c'est le platonisme !

BS : Bien entendu, bien entendu !

MBK : L'oubli tragique, c'est l'oubli du fait qu'il n'y a pas de solution entre deux lois antinomiques, qui sont la loi civique et la loi familiale. Et personne n'a remarqué que Platon, dans *La République*, commettait le forfait tragique par excellence, qui est de trancher en faveur d'une loi au détriment d'une autre, ici la loi civique contre la loi familiale. Mais ça reste évidemment purement de l'abstrait... s'il avait eu des enfants – il en avait peut-être –, est-ce qu'il aurait été prêt à les sacrifier concrètement ? C'est ça le platonisme : la facilité de solutions abstraites. On sacrifie la famille au profit d'une administration civique parfaite, et tout ira pour le mieux. C'est le déni tragique. Si la personne dont tu parles ne voyait pas le problème, c'est qu'il voyait tout du point de vue du commun, du civique. Donc ce n'est pas antinomique à son communisme, c'en est la conséquence même.

BS : Sauf que, quand on est communiste, qu'on soit Badiou, Godelier ou qui que ce soit d'autre, on devrait voir que la loi civique a été remplacée par le Marché, et que, du coup, ce n'est plus avec Platon qu'il faut lire ça, c'est avec Adam Smith, etc., et qu'on se fout du monde quand on neutralise ça, purement et simplement. Et quand on a été élève d'Althusser, c'est absolument honteux d'effacer ce genre de choses, parce qu'Althusser on peut lui faire des reproches, mais ça, il ne l'effaçait pas. Et là, il y a véritablement quelque chose qui est de l'ordre de l'arnaque, tout simplement, de l'escroquerie intellectuelle.
Maintenant, sur la question du désir et de la pornographie : c'est la même question. Pour moi, la pornographie ce n'est pas du désir, c'est de la pulsion. Le désir n'est pas la pulsion – enfin, c'est de la pulsion, mais de la pulsion transformée. Si la transformation ne s'est pas produite, justement à travers des processus d'identification, d'idéalisation, de sublimation, eh bien il n'y a pas de désir.

MBK : ... d'amour tout simplement.

BS : D'amour. D'ailleurs c'est le seul texte récent de Badiou que j'aime bien, le truc sur l'amour[11] même s'il y a des problèmes ici ou là…

MBK : Ben, son problème c'est qu'il est plus aristotélicien qu'il ne voudrait. Le « juste milieu ». Quand il dit : « ni couple fusionnel ni libertinage ». Il y a des couples fusionnels qui se portent très bien, il y a des couples de débauchés qui se portent très bien (*rire*), il y a même des couples de fusionnels débauchés (*rires*).

BS : Tout à fait, et moi je suis pour tout ça, la fusion, la débauche (*rires*)… Cela dit, je ne suis pas en couple (*rires*).

MC : C'est la même chose que son problème avec Deleuze et la question du multiple.

MBK : Les mots ne sont pas anodins. On ne va pas repartir pour un tour avec Badiou, mais… Quand il remplace le mot différence ou même le mot multiple par le mot *multiple indifférent*, le ver du retour à l'ontologie est déjà dans le fruit. Le multiple est indifférent, la différence est indifférente, en fait, son sophisme – parce que c'est un sophisme – consiste à dire : puisque la différence est partout, qu'elle est ce qu'il y a de plus banal, c'est ce qu'il y a de moins intéressant pour la pensée. Et il règle son compte aux philosophies de la différence par ce tour de passe-passe langagier.

BS : Tout à fait. Mais c'est là où il faut lui faire crédit qu'il y a un problème chez Derrida avec ça, et qu'alors, si on ne critique pas Derrida sur ce point, on donne raison à Badiou.

MBK : Oui. Tu pourras lire la critique qu'à ce titre je fais de Derrida dans *Système du pléonectique*.

---

11 Alain Badiou et Nicolas Truong, *Éloge de l'amour*, Paris, Flammarion, coll. « Champs Essais », 2016.

La réflexivité critique

Dieu et l'incalculable

MC : Afin d'approfondir la question de la tâche critique de la philo-sophie dans une nouvelle direction, reprenons à partir du fait que, chez Kant, cette tâche procède d'un usage réflexif de la raison. Mais, il ne suffit pas de dire que la critique est un exercice de la réflexion, il faut ajouter, et c'est là le point décisif, que cette réflexivité critique implique la conquête de l'autonomie, la conquête de l' « autós ». D'où ma question : cette conquête de l'autonomie qui doit être l'horizon ou le but de la tâche critique, est-ce qu'elle doit, ou même, est-ce qu'elle peut encore être, la nôtre aujourd'hui ? Est-ce que la tâche critique doit encore avoir pour but l'autonomie ? Il me semble d'autant plus important de vous poser cette question de l'« autós », qu'elle est au cœur de nos discussions puisque, de manière générale, en nous intéressant à la singularité de vos philosophies, il s'agit, en fait, d'interroger votre position d'auto-didacte.

MBK : Il me semble que Bernard a déjà répondu : dans les termes de la néguanthropologie, la question de l'autonomie se pose en termes de localité. Je ne sais plus comment disait Heidegger… fonder le *là*.

BS : Oui, oui. J'allais dire ça. Je vais le redire et le développer un tout petit peu.

MBK : Ce n'est plus l'autonomie au sens psychologique de Kant, il y a un immense déplacement, mais c'est quand même le même problème.

BS : Sachant qu'on ne peut plus, à la différence de Kant comme de Socrate et de… on ne peut plus… comment dire ?

MBK : Fonder le *là* rejoint quand même Kant dans le sens qu'on a pointé au sujet du jeu : c'est se choisir une règle. La question de l'autonomie chez Kant reste à ce titre entièrement d'actualité.

BS : Ce que tu viens de dire là, *ça,* pour moi, c'est la quasi-causalité. Donc j'évite le mot autonomie, moi, pour une raison précise, c'est que j'essaie de montrer qu'il n'y a que de l'hétéronomie. L'autonomie est toujours relative à une localité dont je vais épouser la règle. Alors là, oui. Il y a de l'autonomie, c'est-à-dire que, oui, je peux devenir la quasi-cause de cette règle, qui est de toute façon hétéronome elle-même. Il n'y a pas de nature, il n'y a pas de transcendance, il n'y a pas de Dieu qui donne la loi, il n'y a pas *une* loi, voilà, qui s'impose à moi...

MBK : Et encore (*rire*), pour moi, même tout cela se discute.

BS : Comment ça ?

MBK : Je ne sais pas. D'où vient la loi ? De ce point de vue-là, pour moi, c'est la même chose que pour la critique de la métaphysique, Nietzsche et Heidegger sont presque nuls et non avenus par rapport à ce que dit Kant. C'est-à-dire que l'agnosticisme kantien me paraît la seule position défendable, aujourd'hui... Moi je ne suis pas croyant, et pourtant j'ai un besoin imprescriptible du *concept* de Dieu. Je pense que c'est la même chose que les problèmes de rétention tertiaire, de néguanthropologie et de tout ce qu'on est en train d'agiter maintenant... Mais j'en suis arrivé, après vingt années de travail philosophique, à l'idée que le point de vue kantien pour moi est le bon : sans Dieu, point de vie morale possible. Point de vie éthique digne de ce nom. Il peut y avoir une éthique sans Dieu – Spinoza, Nietzsche sont les exemples les plus fréquemment avancés – mais qui débouche sur une éthique universalisable, non. Et je ne crois pas du tout en Dieu. Mon paradoxe tragique à moi, c'est ça. Il est impossible qu'il y ait une morale faute d'un Dieu, ça je pense que la démonstration kantienne reste entièrement pertinente, mais Kant ne dit pas que Dieu existe, puisque que comme chacun sait il a réfuté tant les soi-disant preuves ontologique que cosmologique de Dieu chez les scolastiques et les métaphysiciens. Là-dessus, même un kantien fidèle comme Schopenhauer a tort, il est très courageux dans son époque parce qu'il fut le premier philosophe ouvertement athée, à part peut-être Épicure, de l'histoire de la philosophie, et ça déjà c'était d'un courage fou, bien avant Marx et Nietzsche (de manière moins tonitruante que celle de Nietzsche, par exemple), mais il a tort de conclure de la réfutation ontologique et cosmologique de Kant que Dieu n'existe pas. Car ça, c'est rigoureusement indécidable, dans les termes mêmes, on pourrait le montrer, de l'architectonique philosophique de Schopenhauer. Ça, c'est une des bonnes choses de nos démocraties, européennes en tout cas, c'est qu'elles sont kantiennes. La laïcité, tout simplement. Ça, c'est quelque chose de très précieux, pour faire de la philosophie extrêmement concrète, on n'a pas pris garde à la menace de tout ça sous le coup de phénomènes que nous connaissons tous, mais je pense que la laïcité est un acquis kantien extrêmement précieux, et que si on le perd, on perd énormément.

BS : Il y a énormément, énormément de questions dans ce que tu dis. Cette question de la laïcité, entièrement d'accord. Après la question de Dieu… doit-on reposer un Dieu des philosophes ? Je pense qu'il ne faut pas aller trop vite, là…

MBK : Si j'ai un concept « propre », avec tous les guillemets qui s'imposent, de Dieu, je te tiens à te dire que c'est en grande partie par ta faute (rires).

BS : Merde alors ! (rires).

MBK : Il y a quatre responsables philosophiques : Kant, Teilhard de Chardin, Meillassoux et toi !

BS : Juste un mot parce que je pense que c'est très très important cette question. Moi-même j'écris là-dessus, en ce moment, pas sur Dieu, quoique j'en parle aussi un peu, mais je parle surtout de l'apocalypse et j'ai repris un texte de François Hartog qui montre qu'il y a de l'apocalypse même dans le discours laïc et athée, et qu'il appelle le genre apocalyptique, mais qu'on ne peut pas, qu'on ne peut absolument pas le purifier de ses sources théologiques[12]. Et moi je ne crois pas et je ne souhaite pas… je ne pense pas qu'il faille en finir avec Dieu. Je pense que c'est un leurre.

---

12 Cf. François Hartog, « L'apocalypse, une philosophie de l'histoire ? » dans *Esprit*, vol. juin, n°6, 2014, p. 22-32.

MBK : Pour moi le diagnostic de Nietzsche est inutile.

BS : Alors ça on n'aura l'occasion d'en parler ! Moi, je pense que Dieu est mort, mais comme Freud, que son fantôme est encore plus présent.

MBK : Oui mais en quel sens ? Dieu *est* mort, c'est attributif, ce n'est pas modal, ça ne désigne pas un événement particulier.... Dieu a toujours été du côté de la mort.

BS : Donc la question c'est : Dieu est mort, et alors ? *So what* ? La question qui se pose vraiment, ce que j'essaie d'entendre dans ce que tu dis et qui me convienne, c'est l'incalculable. Je pense qu'on ne peut pas se passer de l'incalculable, et que Dieu est le nom de l'incalculable. On peut l'appeler esprit de la forêt...

MBK : On peut l'appeler « communisme », mais je trouve que Dieu est un concept plus rigoureux que communisme.

BS : Moi je trouve que le mieux c'est de l'appeler l'incalculable. Parce que je pense qu'il faut rester collé à la mathématique, à la physique, ça ne veut pas dire qu'il faille être réductionniste et scientiste, en aucun cas...

MBK : Ce que ne sont jamais les grands mathématiciens.

BS : Il n'y a que Badiou qui soit comme ça. La question c'est celle de l'incalculabilité, donc de l'improbable...

MBK : Badiou appelle ça l'événement, comme on sait.

BS : Oui je sais bien mais...

L'autonomie, l'autodidaxie et le déjà-là

MC : Nous aurons l'occasion de poursuivre ce thème de l'événement. Reprenons peut-être le fil de la question de l'auto-critique, et de la conquête de l'autós par la réflexivité critique.

BS : Bon. Moi l'*autós*, je m'en méfie, il est présent chez moi comme automatisme, en fait. Donc, quand je dis ça, je ne veux pas dire qu'il n'y a pas d'autonomie. Moi je cherche l'autonomie, mon autonomie. Mais, disons, sans illusion. C'est une autonomie sous dépendance, appelons ça comme ça. Par exemple, si on me prive de cet environnement-là, où j'arrive à travailler aujourd'hui, eh bien je suis totalement largué. Donc, je dépends de cet endroit-là, je ne suis pas autonome. Et ce soi-disant discours de l'autonomie qu'on nous a présenté… qui est très religieux, d'ailleurs, en fait, même chez les non-religieux…

MC : Car ce discours implique une conception du sujet qui reste religieuse ?

BS : Tout à fait. Elle est un leurre, elle est une fiction, une illusion a-transcendantale, appelons-la comme ça. Et donc je pense qu'il y a de l'autonomie, bien entendu, mais elle est sous dépendance, et la question c'est : comment fait-on pour que cette dépendance puisse *produire* cette autonomie ? Et comment sort-on, du coup, du concept d'autonomie ?

MBK : Tout ça reste terriblement kantien !

MC : À ceci près que chez Kant il y a cette conception très religieuse qui est un rapport direct du sujet à la loi morale.

BS : Voilà. Et, chez moi, c'est le contexte de la facticité, pas simplement au sens heideggérien, mais au sens de la production, de l'artificiel, du contingent. Là, je reviens vers des choses que Yuk pose dans *Récursivité et contingence*[13], car c'est ça la question. L'hétéronomie c'est quoi, par excellence ? Eh bien pour Platon, c'est le sophiste, c'est la figure de la technique, de l'artifice, quoi.

MBK : Pourquoi est-ce qu'ici on ne prononce pas le mot « liberté » ?

BS : Mais ça ne me fait pas peur, la liberté. Mais…

———

13 Yuk Hui, *Recursivity and Contingency*, Londres, Rowman & Littlefield, coll. « Media Philosophy », 2019.

MC : J'avais commencé par là en essayant de décrire la position que vous occupez, afin de dire que l'autodidaxie peut être vue comme une liberté particulière.

MBK : Dans mon travail c'est vrai que le concept de jeu, la figure du joueur, est à la fois : 1) une figure de la liberté ; 2) un point de rencontre entre autonomie et hétéronomie. Le jeu c'est ça. Un joueur, c'est ça.

BS : Absolument.

MBK : Quel que soit le jeu que tu prends, que ce soit le foot, les échecs, le poker... Dans un jeu, tu es autonome par hétéronomie, tu es hétéronome, par autonomie. Alors on pourrait faire un jeu de mot avec antinomie. Si tu n'as pas d'adversaire, pas d'autonomie possible, même s'il y a ce jeu qui s'appelle le solitaire, ou les réussites. Le jeu est une *katharsis* de la belligérance, et c'est ça qu'il y a de très précieux dans le jeu. Je ne suis pas assez érudit pour établir quel lien unissait chez les Grecs les jeux des olympiades, mais il y a certainement quelque chose d'incroyable à trouver. Sur le type de *katharsis* qu'apportaient les olympiades, que n'apportait pas la tragédie ; je serais un Pierre Vidal-Naquet, je lancerais une enquête à fond là-dessus.

MC : Bernard, tu voulais insister sur le fait qu'il est nécessaire de distinguer la question de l'autonomie et la question de l'autodidaxie.

BS : Absolument.

MC : En quel sens ?

BS : La question est celle de l'individuation. Ici, nous avons besoin de Simondon. Tout philosophe est un autodidacte, tout mathématicien est un autodidacte. Sinon, ce n'est ni un mathématicien, ni un philosophe.

MBK : Grothendieck a écrit des choses incroyables sur l'autodidactisme.

BS : Maintenant, il y a un rapport au déjà-là ; on revient à notre question de tout à l'heure. Il y a deux manières de faire avec le déjà-là, et là-dessus, Heidegger est sublime, d'ailleurs. Soit je m'y soumets dans la préoccupation, etc., et finalement je suis un petit mouton. Dans l'hétéronomie totale. Soit j'en hérite, et en en héritant, je l'individue, et en l'individuant, qu'est-ce qui se passe ? Je ne produis pas d'autonomie, je bifurque. Et alors, la question du *là* est très importante, pour revenir à cette question de la localité. Effectivement le Da-*sein* est local. Cette localité, aujourd'hui, n'est pas celle de Marine Le Pen, mais de Vladimir Vernadski. Ça c'est très très important pour moi. Lorsque Heidegger en 1927 écrit *Sein und Zeit*, et qu'il revient en 1961 avec *Zeit und Sein*, il est passé du *Dasein* qui est quasiment une libération du sujet transcendantal kanto-husserlien, à une question de la terre. Alors la terre on peut l'entendre en plein de sens, on peut l'entendre par exemple comme on l'entend malheureusement toujours, c'est-à-dire Meßkirch, son village natal, avec sa terre natale, on peut l'entendre comme ça, mais on peut aussi entendre la terre au sens de la biosphère. Et voilà, là il pose le problème d'une localité qui n'est pas réductible aux lois de la physique, c'est ce que dit Vernadski.

MC : C'est d'ailleurs ce que reprend Deleuze, avec Guattari, en particulier dans Mille Plateaux.

BS : Oui. Et tout ça bouge, aujourd'hui. Je crois effectivement que c'est de la question du *là* qu'on doit partir, d'une localité qui peut être extrêmement ample, et qu'alors je peux remonter, au moins en idée, aux origines de l'univers etc. Par rapport à ça, on parlait de Fink, hier : il y a un jeu du monde[14]. Pour reprendre ce que dit Mehdi sur le jeu, il y a une, comment dire ? une exotranscendance du jeu absolument englobant. Mais qui reste une question de jeu. Il faudrait parler de Wittgenstein, là.

MBK : Comme tu dis, l'histoire de l'Occident est l'histoire même de la philosophie. Et moi récemment, en discutant avec cet ami

---

14 Eugen Fink, *Le Jeu comme symbole du monde*, traduit de l'allemand par H. Hildenbrand et A. Lindenberg, Paris, Minuit, coll. « Arguments », 1966.

psychanalyste qui s'appelle Nicolas Floury, je me demandais si la prolifération contemporaine de l'autisme n'est pas une pathologie, précisément, de l'autonomie. Tu vois ? L'autiste, c'est véritablement quelqu'un qui est malade de son autonomie, qui croit profondément à l'autonomie du sujet, et l'autonomie du sujet n'est pas simplement quelque chose qui a été déconstruit, comme ça, en l'air, parce que Heidegger et Derrida s'y seraient collés. « La déconstruction c'est ce qui arrive », disait Derrida, et cette déconstruction laisse pourtant un reste, un spectre du sujet autonome. Or, la forme autistique, pour moi, est vraiment un spectre du sujet autonome kantien, mais c'est un spectre tout à fait concret, immanent. C'est fascinant à observer, un autiste ou une autiste. On parlait de Greta Thunberg…

BS : Qui est autiste, en effet. Je travaille avec ce qu'on appelle, dans mon équipe de la clinique contributive, en Seine-Saint-Denis, des quasi-autistes. Ce sont des enfants entre deux et trois ans. On travaille avec eux et leurs parents, qui ont été exposés aux smartphones extrêmement tôt…

MBK : J'en ai vu dans le bus utiliser ça à un an, ils ne parlent pas un mot mais sont déjà des Mozart du smartphone !

BS : Même à une semaine, parfois ! Là, ce ne sont pas eux, ce sont les mères qui leur mettent les smartphones entre les mains comme une tétée. À une semaine ! Donc à la clinique, on voit des mômes, on les soigne, on travaille avec ces enfants, leurs parents, la communauté de leurs parents, les quartiers, etc., pour essayer de les soigner en reprenant les techniques des alcooliques anonymes, c'est-à-dire en essayant de faire que ce soient les désintoxiqués qui aillent soigner les intoxiqués. Je ne vais pas en parler parce qu'on n'en a pas le temps, mais c'est extraordinaire ce qui se passe là-dedans. Extraordinaire et passionnant. Mais, ce sont des quasi-autistes, pas tout à fait des autistes, pour autant qu'on sache ce que sont les autistes, ce qui n'est pas du tout évident. En tout cas, selon la clinique de pédopsychiatrie de mon amie qui s'appelle Marie-Claude Bossière, elle, qui a soigné les autistes, me dit qu'ils ont un spectre autistique comme on dit, mais qu'ils ne sont pas vraiment autistes. Pourquoi ? Parce qu'on peut les soigner, et on y arrive. C'est long, difficile, douloureux, mais on y arrive. Ça fait six mois qu'on fait ça. Qui sont ces mômes-là, qu'est-ce qui fait qu'ils sont autistes ? Eh bien, effectivement, ils vivent en autonomie, c'est-à-dire qu'ils n'ont plus de rapport à leur mère sans passer par le smartphone, ils n'ont pas de rapport à leur fratrie, ils n'ont pas de rapport au monde dans la crèche, ils sont... ça ressemble énormément aux autistes. Et c'est ça l'autonomie. Qu'est-ce que ça veut dire ? C'est la négation de la localité.

La localité, par exemple, de l'objet transitionnel et de l'espace transitionnel de Winnicott[15]. On a commencé comme ça avec les dames avec qui on travaille : ce sont des puéricultrices mais, voilà, on a fait un séminaire sur Winnicott et elles ont dit : « Là on comprend très bien ! ». Et ça marche très bien, avec les enfants, avec les parents. Pourquoi est-ce que ça marche ? Parce qu'ils voient très bien que le smartphone c'est ce qui court-circuite des localités. Donc voilà : ça c'est de la clinique des localités, et ça va tout à fait dans le sens de ce que tu étais en train de dire. Alors, après, on peut inventer de nouveaux jeux, c'est ce qu'on est en train de faire. J'étais en train de discuter avec la direction d'Orange pour créer des jeux de parents et d'enfants, on va recréer des espaces transitionnels avec les smartphones.

MBK : Les grandes thérapies à venir seront des jeux grandeur nature, ça c'est sûr.

BS : Voilà où on en est.

MBK : Eh bien, si on arrive à me trouver un job approprié à l'intérieur d'*Ars Industrialis* je suis preneur. Ça me sortira de mon désœuvrement maladif et autistique (*rires*). C'est moi qui ai besoin d'une thérapie !

---

15 Donald W. Winnicott, *Jeu et réalité. L'Espace potentiel*, traduit de l'anglais par C. Monod et J.-B. Pontalis, Paris, Gallimard, coll. « Folio essais », 2002.

TROISIÈME PARTIE

Le sens de l'histoire

Historicité de la philosophie

Crise de la vérité et matérialité de la trace

MC : La tâche critique de la philosophie implique une réflexion sur son héritage, au moins depuis Kant. En effet, nous avons évoqué le fait que chez Kant déjà la critique s'accompagnait d'une réflexion sur l'histoire de la philosophie et la nécessité de sélectionner les œuvres dont nous voulons hériter. Cela est plus clair encore chez Husserl, lui-même héritier de Kant, qui, notamment face aux critiques néo-kantiennes, voit très bien le problème qu'il y a à laisser en dehors d'une réflexion historique ce qui nous est donné a priori. En ce sens, le travail critique doit aller jusqu'à réfléchir l'historicité de l'a priori en général. C'est en raison de cette dimension-là du problème critique, son historicité, que je souhaiterais comprendre, dans vos philosophies respectives, dans quelle mesure la question de l'histoire s'est révélée, assez rapidement, une question fondamentale, et si, pour vous, la réflexion sur l'histoire est ce qui implique ou rend possible votre opération de transformation de la notion de critique. Pour le dire plus simplement, en quoi l'exercice critique suppose-t-il une réflexivité historique sur votre propre travail, de sorte que vous puissiez vous inscrire dans une histoire ? Cette inscription de soi-même dans une histoire fonctionnant comme condition de possibilité d'un critique nouvelle, comme l'a fait Husserl dans la Krisis, *et comme, il me semble, vous avez également pensé qu'il était nécessaire de le faire.*

MBK : La question de l'historicité…. c'est là où il est utile d'avoir des ennemis. Car le positionnement ontologique, ou métaphysique, contemporain se double toujours, dans toutes les variantes du réalisme spéculatif comme des ontologies analytiques, d'un absentement absolu de l'histoire. Là encore, Badiou est le précurseur génial de ça, parce que, lui, il construit toute une machine très sophisti-quée où la question, l'enjeu, c'est : l'éternité. Qu'est-ce qui mérite de prétendre à l'éternel ? Telle est sa question classiquement plato-nicienne, très courageuse sous ce rapport. Donc, les chevaux de l'art pariétal et les chevaux de Picasso, c'est la même chose sur le plan ontologique ; la révolte de Spartacus convole en justes noces avec le coup d'État de Lénine, les amours de Sappho et ceux de Rousseau, etc. Le prix explicite à payer, c'est l'historicité, que Badiou accuse d'être un héritage romantique de la philosophie. Dans son cas, il y avait du courage à faire tout ça, parce que c'était à contre-courant, mais depuis les épigones ont sévi, tous absentant l'histoire de la philosophie et, du coup, c'est d'avoir une pensée de l'histoire qui est devenu, comme chez moi et Bernard, à contre-courant.

Longtemps, en effet depuis Kant, l'historicité semblait un *a priori* incontournable du questionnement philosophique, mais là, non, il y a une désertification assez généralisée. Même en dehors de l'Univer-sité, si on prend tous les grands noms, Schopenhauer, Kierkegaard, Marx, Nietzsche, Benjamin, Bataille, Blanchot, Debord, l'historicité est à chaque fois cruciale, tout autant que chez Kant, Hegel ou Hei-degger. Avec la mode ontologique, les philosophies analytiques et néo-réalistes et leurs ontologies à ne plus savoir qu'en faire, la ques-tion de l'historicité s'absente totalement, puisqu'à partir du moment où vous dites que les objets sont comme ci ou comme ça, ce sont des invariants temporels qui n'ont plus besoin d'historicité. C'est ce que j'appelle la paresse ontologique. Deleuze avait fort bien pointé qu'à chaque fois que la question du temps se posait en philosophie, la notion de vérité – et notamment de vérité intemporelle – était en crise. Le tort de Deleuze à mes yeux était qu'il fallait pour cela même sacrifier la notion de vérité et entonner le chant de la puis-sance du faux, des simulacres, etc. D'un devenir essentiellement-falsifiant de l'histoire. Je suis en désaccord, mais c'est ce désaccord qui donne un premier élément de réponse à ta question : la crise que fait subir l'historicité à la vérité, il faut l'endurer comme étant la tâche de la vérité philosophique même, non pas la fuir comme fait Deleuze. Voilà pour le lien entre tâche critique et historicité : la vérité comme crise, l'historialité comme crise.

Sur la question de la réflexivité, ma réponse est d'une confon-dante simplicité : mon travail estime que la question du réflexif, ce que j'appelle dans mon vocabulaire la *mimèsis*, est cruciale pour comprendre le destin historial humain, et donc mon travail est celui d'une réflexivité de la réflexivité. Plus baroque kantien, tu meurs. Pour la pure et simple raison suivante : la question de la technologie est inséparable de la question de la *mimèsis* pour moi, et voilà encore pourquoi les néo-ontologies, à commencer par la plus grande d'entre elles, celle de Badiou, ne veulent rigoureusement rien savoir de la question technologique. Ce qu'Adorno appelait l'impulsion mimétique est chez moi omniprésente et innerve la plus fine de mes analyses.

C'est une philosophie de l'histoire anaximandrienne. Il est évident que si l'histoire de l'être est l'histoire de l'entropie, alors la vie est une intensification de l'entropie matérielle, et la technologie une intensification de l'entropie vitale. C'est ce que dit la phrase d'Anaximandre : la crise s'intensifie à mesure que l'appropriation d'être s'intensifie, s'accélère. Il y a une proportionnalité dans mon travail entre ce que j'appelle appropriation et expropriation : plus il y a d'appropriation d'être et plus l'expropriation par le néant fait rage, ce que j'appelle aussi, platement, le Mal. Voilà en ce qui concerne la dimension historiale de mon travail : l'historicité de l'appropriation technologique est aussi une historicité d'une forme extrême d'expropriation qui est le Mal, et non le simple néant où se résout toute matière, ou la souffrance par quoi se résolvent les modes de cruauté animale. La technologie produit une exponentiation démesurée et comme telle inutile de ces souffrances. Pour le dire simplement, ma philosophie est une philosophie de l'histoire du Mal, de ses formes, de ses modalités, de ses origines, etc. Jared Diamond, sans disposer plus que ça de notions philosophiques, en a l'immense intuition quand il dit que l'homme est l'animal innovateur. Et ontologiquement, en effet, l'humain est une immense bacchanale d'innovations, c'est-à-dire d'appropriations d'être. Mais il innove aussi sans cesse dans le sens de l'horreur, de l'atroce, de l'infâme, de l'injuste, du difforme, de l'impensable (ou de l'impansable...), etc. C'est une historialité négative, si on veut, ou encore : une ontologisation de ce qu'on appelle l'obsolescence programmée. L'obsolescence programmée comme domaine étroitement technologique au sens le plus vulgaire du terme, mais, si on y réfléchit bien, il s'agit d'une donnée quasi-transcendantale du fait que plus on accélère le processus d'intensification des choses, plus elles sont évanouissantes aussi. C'est là où la question de la néguanthropologie, de se rechercher un lieu, se pose avec la dernière urgence. Et là, je crois à l'incalculable, à quelque chose qui pourrait nous faire échapper à cette logique absolument redoutable d'accélérationnisme ontologique – c'est pourquoi je n'ai aucun besoin des mots d'ordre creux des accélérationnistes, pas plus que Bernard – je crois malgré tout à ce miracle de la raison, à cette possibilité qu'aurait malgré tout l'humain de se tirer du guêpier où de toujours et malgré lui il s'est fourré. Je suis comme Bernard, totalement désespéré, mais, comme disait Marx, c'est cette situation désespérée même qui me remplit d'espoir.

Voilà un bel exemple de ce que j'appelle réflexivité de la réflexivité. La technologie, à cette lumière, se révèle non pas être l'instrument de l'humanité, comme on l'interprète presque partout, mais l'humain le sujet historial de la technologie. Sur ce point, le consensus avec Bernard me semble absolu, et nous sommes vraiment comme deux branches d'une même recherche.

La seconde partie de ta question trouve alors un élément de réponse aussi, à savoir, comment problématisons-nous dans nos travaux respectifs cette notion de l'historicité ? Mais je laisse sur ce point la parole à Bernard.

MC : De ton côté, Bernard, dès les premiers tomes de La Technique et le Temps, *tu proposes une conception de l'histoire à partir de ce que tu nommes une « épiphylogénèse », ce qui implique d'attribuer un rôle moteur à l'évolution des objets techniques. Cette conception naît aussi d'une critique que tu adresses à Derrida, concernant sa manière d'analyser la trace, grâce, en l'occurrence, au concept de supplément ; tu montres qu'il y a un idéalisme résiduel dans ce qu'il appelle « quasi-transcendantal », à savoir ces concepts qui, précisément, semblent être anhistoriques (la trace, le supplément, etc.) et que tu investis grâce au savoir des historiens de la technique, pour montrer que ce que désignent ces concepts a une histoire, qu'il y a une histoire du supplément. Alors, résumé très rapidement ainsi, on a l'impression qu'il y a une connexion entre la tâche critique et l'historisation des concepts fondamentaux de la philosophie, même déconstruits.*

BS : Bien sûr. Derrida avait fait un cours sur Heidegger, qui a été publié il n'y a pas très longtemps[1], dans lequel je crois qu'il pose la question de ce que j'appellerais une philo-analyse. Non pas d'une philosophie analytique, mais une philo-analyse comme une psychanalyse. Heidegger c'est d'abord l'histoire de l'être, même si dans *Être et Temps* il n'est pas encore question de l'histoire de l'être comme telle, mais c'est déjà la question du déjà-là, de l'historialité, etc. Et, à ce sujet, Derrida l'avait lui-même demandé ainsi : est-ce que la déconstruction ne devrait pas être une philo-analyse ? Finalement, il a renoncé à faire ça, et je pense que c'est une catastrophe, ce renoncement. Alors, effectivement, moi, si j'ai lu Leroi-Gourhan c'est grâce à Derrida. Derrida, je l'ai lu un peu par hasard parce que, quand j'étais môme, je lisais *Tel quel* et j'avais vu le nom de Derrida ; j'avais vu *De la grammatologie* dans une libraire, je l'avais acheté, mais j'avais seize ans à l'époque, je n'avais pas lu la première page. Quand je me suis retrouvé en cabane, j'ai dit à Granel que j'avais ce bouquin dans ma bibliothèque et il m'a dit : « oh mais je connais très bien Derrida, on était en classe ensemble ! ». C'est comme ça que j'ai commencé à lire *De la grammatologie* et c'est dans cette lecture que j'ai découvert Leroi-Gourhan. J'ai acheté *Le Geste et la Parole* et en effet tout de suite, pour moi (tel que je le comprends aujourd'hui), instinctivement, si je puis dire, je me suis dit : il y a *des* traces. J'avais quand même un atavisme marxien, pour moi, il fallait de la matière, s'il n'y avait pas de matière ça ne m'intéressait pas. Donc, cette histoire de *la* trace, cela ne m'allait pas, moi, je me disais que, non, il y a *des* traces. L'archi-trace, je me méfie énormément de ce truc. Je comprenais parfaitement la nécessité de parler de l'archi-écriture, car ce n'est pas l'écriture au sens courant, bien sûr. C'est-à-dire qu'il ne peut y avoir d'archi-écriture que parce qu'il y a *des* formes d'écriture, que parce qu'il y a sériation *des* formes d'écriture, ou même de ce qui n'est pas encore l'écriture mais qui est l'hypomnèse, l'hypomnèse préhistorique justement.

Donc, dès le début, c'était un réflexe matérialiste, je me suis dit qu'il fallait que j'étudie ça, la préhistoire, l'archéologie, donc je me suis mis à lire les préhistoriens, les paléontologues etc. Par ailleurs,

---

1 Jacques Derrida, *Geschlecht III. Sexe, race, nation, humanité*, Paris, Le Seuil, coll. « Bibliothèque Derrida », 2018.

j'ai très étroitement combiné, à cette époque-là, Freud et Heidegger. C'est-à-dire que je lisais ce que disait Heidegger de l'histoire de l'être et tout le reste, vraiment avec comme idée que le *Dasein* s'individue dans l'histoire comme le sujet lacanien s'individue, comme le sujet freudien névrosé s'individue, c'est-à-dire qu'il est bloqué, dans des dispositifs, des aventures, qu'il doit produire des anamnèses, etc. Tout ça, pour moi, était totalement transparent, et c'est pour ça que ça me paraissait évident qu'il y ait des mecs comme Binswanger qui soient des psychanalystes à la fois freudiens et heideggériens. Bien qu'en réalité, quand on se penche dessus, ce n'est pas aussi évident que ça, ce n'est pas aussi simple.

MBK : Surtout si l'on tient compte de l'hostilité de Heidegger à l'égard de Freud...

BS : Par ailleurs, bien sûr. Ce qui est pour moi une tragédie de l'analyse, de l'analytique existentiale, de la *Daseinsanalyse*, pas au sens de Binswanger mais de Heidegger. Ça, c'est le grand problème pour Heidegger : il n'y a pas de désir pour Heidegger, c'est neutralisé complètement, et ça... là il rate quelque chose de fondamental, y compris l'histoire de l'idéalisation chez Platon, parce que lui-même il idéalise inconsciemment, il est dans un rapport à l'idéalisation dont il n'arrive pas à faire une analytique existentiale, justement, à mon avis. Donc, chez moi, c'était un réflexe de marxiste, ou de marxien ; j'étais marxiste à l'époque, encore, donc c'était : la matière et l'histoire. La dialectique elle est historique, j'avais appris ça dans les écoles du parti (*rire*) mais ça me paraissait du béton.

MBK : Mais *c'est* du béton !

BS : C'est toujours du béton. C'est même mieux que du béton, c'est du granit. Le béton ce n'est pas si solide que ça, ça se fissure... le granit, c'est la Bretagne, c'est le Massif central, c'est la Corse, et beaucoup d'autres endroits. Après, j'ai essayé de faire une histoire du supplément, d'ailleurs, dès le début, j'en ai parlé avec Derrida qui me disait « oui, oui, super, allez-y ! », parce que c'était son programme, sauf qu'il ne le faisait pas. Si, il l'a fait dans certains textes de circonstance, qui, pour certains, sont de très grands textes, comme *Papier Machine*. Mais j'ai essayé d'avoir une approche basée sur la préhistoire, la paléontologie, la proto-histoire, c'est pour ça que, par exemple, j'ai beaucoup lu les assyriologues, parce que je pensais qu'il fallait regarder vraiment de près, ce qui se passe avec l'écriture cunéiforme, ce qui se produit de nouveau, et tout ça. Parce que, petit à petit, à l'époque, je n'étais pas encore familier de Husserl, je le lisais mais je ramais encore, ensuite je m'y suis familiarisé avec l'aide de Derrida mais aussi de Ricoeur – les livres de Ricoeur sur Husserl sont très intéressants. Et là, j'ai fait des connexions, vraiment, sur d'une part la question de l'histoire chez Husserl, par exemple l'historicité du jugement apodictique, etc., sa localisation, c'est-à-dire sa géo-histoire, et d'autre part les archéologues. Par exemple, j'essayais de lire Pierre Bottero avec le concept de rétention secondaire, et d'un point de vue matérialiste. Ça m'a amené, à un moment donné, à rencontrer Simondon, que je ne connaissais pas du tout. Je ne savais même pas qui c'était. Quand j'ai commencé à faire des séminaires au Collège international de philosophie en 1984, il y avait François Laruelle qui faisait des séminaires aussi, juste à côté de moi, on était dans le même couloir. Une fois, on sort de nos séminaires respectifs et il me dit : « tiens on n'a jamais parlé toi et moi, si on allait boire un coup ? », et on est allé au Pipos, qui était le bistrot près de l'ancienne École de polytechnique, c'est là qu'il y avait le Collège international de philosophie à l'époque. Il m'a demandé de lui expliquer ce que je faisais dans mon séminaire, et j'ai commencé à lui parler de mes spirales, et je lui disais que moi, en fait, je suis une spirale. Ça n'est pas la boule de neige de Bergson, c'en est très proche, mais ça passe un peu par Husserl, etc., donc je commence à lui raconter tout ça. C'est un grand spéculatif Laruelle donc ça le bottait vachement parce que c'était très abstrait. Donc, il me fait parler et après il me dit : « — ce que tu fais est très intéressant mais, il faut que je te dise un truc : ça a déjà été fait ! — Quoi ? — Oui, c'est Simondon qui a fait ça. ». Il m'a fait un plan, m'a dit qu'il me prêterait des livres, etc. Je suis rentré chez moi totalement désespéré, j'ai commencé à lire Simondon et, en effet, ça m'a poussé à reconfigurer tout ça. Pendant ce temps, je lisais très très attentivement les *Leçons pour une phénoménologie de la conscience intime du temps* de Husserl. J'en ai vraiment bavé, et à partir de là j'ai commencé à construire, mais beaucoup plus tard, ces concepts de rétentions secondaires psychiques, rétentions secondaires collectives, rétention tertiaire hypomnésique. C'est sur cette base que j'ai essayé de faire, je ne dirais pas une philosophie de l'éducation, mais... une phénoménologie de ce que c'est que d'éduquer un môme, par exemple.

Réflexivité pure, tragique et technologique

BS : Je reviens aussi sur la question de la réflexivité, qui est un sujet extrêmement important pour moi. Sur ce point, on ne s'entendait pas du tout avec Derrida, et j'ai encore eu des petites tensions avec un de ses amis, qui était un des bons derridiens : Sam Weber. Je ne sais pas si vous connaissez. C'est un spécialiste de Benjamin, qui a beaucoup écrit sur lui, sur la psychanalyse, sur Freud. Derrida en parle beaucoup dans *La Carte postale*, c'était un de ses amis proches, il était prof' à Los Angeles et quand Derrida se rendait aux États-Unis, il allait chez lui. Ensuite, il est devenu prof' à Chicago. Moi-même je l'ai bien connu, il m'a invité à Chicago. Il y avait un truc qu'il ne comprenait pas, concernant ce que je disais sur le soi. Pourquoi ? Parce que, pour lui le soi c'est l'autonomie justement. Pas pour moi. Pour moi, le soi c'est la récursivité du système. Donc, tout système récursif est réflexif, d'une manière ou d'une autre. C'est, par exemple, comme ce que dit Deleuze du système réflexe : tu donnes un coup de pied au chien, il te mord, c'est déjà de la réflexivité ça. C'est de la récursion, comme le dirait notre ami Yuk. Il y a des récursivités de toute sorte, donc il y a des récursivités machiniques, il y a même l'élasticité de la matière qui est une sorte de récursivité c'est-à-dire de retour à l'état initial : si tu tords un truc, il revient, etc.

Après, il y a aussi la réflexivité noétique. Qu'est-ce qu'ils ont voulu faire, les philosophes ? Je ne suis pas sûr que ce soit le cas de Socrate. Socrate c'est un tragique, pour moi, ce n'est pas du tout un platonicien, c'est un anti-platonicien. Il est devenu une marionnette, ou plutôt un ventriloque, il a été ventriloqué par Platon. Ce en quoi Derrida a été génialement lucide là-dessus ; c'est à Derrida que je dois évidemment ça... mais en même temps il n'est pas allé jusqu'au bout, à mon avis. Il n'est pas allé jusqu'à cette idée que, peut-être, Socrate n'était pas *du tout* platonicien. Du tout du tout du tout. Et pour moi, Socrate, ce n'est pas du tout un platonicien, c'est un tragique. Je pense que ce qu'on a le plus en commun c'est la question du tragique, dans tout ça. Or, quelle est la réflexivité de Socrate, s'il y en a une ? C'est une réflexivité tragique. Qu'est-ce que la réflexivité tragique ?

MBK : Ironico-tragique, je dirais. La réflexivité, chez Socrate, passe avant tout par l'ironie, ce qui n'est pas du tout platonicien... de tendre un miroir. C'est cela la question. Comme chez Derrida, et j'aimerais que tu reviennes là-dessus, sur le différend que vous aviez sur la réflexivité, peut-être y venais-tu. Car, pour moi, de Platon à Derrida et Badiou en passant par Heidegger, cette haine de la réflexivité, c'est-à-dire de la *mimèsis*, dans mon vocabulaire, est assez curieuse, comme symptôme 'de l'histoire de la philosophie.

BS : Le problème avec Derrida est qu'il avait peur que, ayant foutu par la porte le sujet, il revienne par la fenêtre. Il me disait sans cesse que je faisais rentrer le sujet par la fenêtre, et avec lui, la métaphysique. Mais je lui répondais : « pas du tout ! Écoutez ce que je dis ». Parce que tout de même Derrida plaquait toujours ses propres trucs sur le travail d'autrui, il était super fort pour ça. Il pouvait avoir une écoute de l'autre incroyable, mais quand il avait décidé de ne pas écouter, il était horrible. Il était chiant, vraiment.

MBK : Son fils en a fait les frais, Pierre Alféri...

BS : Tu le connais ?

MBK : Non. C'est de notoriété publique, c'est tout.

BS : Il a un autre fils, c'est Jean, que j'ai connu quand il était môme, maintenant il est anthropologue, comme sa mère. Il a fait comme son frère, il a commencé par un bouquin de philo et puis ensuite il s'est mis à faire de l'anthropologie... Pourquoi je dis ça ? Ah oui : quand Derrida fait *No apocalypse, not now*, c'est en fait l'apocalypse de Jean. Et il s'adresse à son fils, et ça m'intéresse vachement. C'est incroyable : Pierre, Jean, Jacques : famille de juifs (*rires*) ! C'est quand même extraordinaire quand on y réfléchit. Et il s'adresse à son fils, à la fin du livre, pour lui expliquer pourquoi il s'appelle Jean. Bon, je ferme la parenthèse. Où j'en étais ?

MC : Tu développais à propos de la question de la réflexivité, du désaccord que tu avais avec Derrida, et du fait qu'il ne voulait pas l'entendre.

BS : Ah oui ! Sam Weber me disait que dès que tu commences à parler du soi, c'est foutu. Et je lui répondais que le soi de Winnicott c'est tout à fait autre chose. Le soi, c'est la créativité de l'espace transitionnel, et c'est à fond derridien. Winnicott, c'est un penseur de la localité, car il dit qu'il n'y a pas de psyché sans localité, qu'elle est toujours inscrite dans des espaces. Ce n'est pas simplement la topologie lacanienne, ce sont les espaces transitionnels. Je disais tout à l'heure qu'il y a une autonomie sous dépendance, eh bien, je pense qu'il y a aussi une réflexivité dépendante. La réflexivité, ce que Derrida ou Sam Weber entendent, c'est la réflexivité pure de la pensée pure. Pour moi, il n'y a pas de pensée pure donc il n'y a pas de réflexivité pure, ce n'est pas le problème. Il y a de la réflexivité qui est liée à des rétentions tertiaires hypomnésiques. D'ailleurs, l'appareil photo Reflex, qui permet de faire un certain type de photos, c'est une certaine réflexivité. La réflexivité est rendue possible par ce que dit Clémence Ramnoux de l'évolution de la langue, de l'écriture à l'époque d'Héraclite : elle montre qu'Héraclite découpe les mots et les choses parce qu'à cette époque-là on ne sait pas, on commence à séparer les mots dans l'écriture, il y a des points, des phrases, des débuts de phrase. Il y a un début de grammatisation.

MC : C'est ce que dit Auroux, aussi.

BS : Justement, j'allais y venir : j'ai commencé à lire *De la grammatologie* avec Auroux. Alors là, je me suis mis tous les derridiens à dos, parce qu'Auroux écrit des conneries pas possibles sur Derrida.

MC : Il est même violent, quasiment insultant envers Derrida lorsqu'en note il commente ses concepts[2].

---

2   Cf. Sylvain Auroux, *La Révolution technologique de la grammatisation*, Liège, Mardaga, coll. « Philosophie et Langage », 1994, p. 155 sq.

BS : Violent et stupide. Du coup, il me fout le travail en l'air, parce que moi quand j'essaie d'utiliser son truc, tous les derridiens me disent qu'Auroux est un connard. Ce n'est pas vrai, malheureusement la vie n'est jamais si simple, il y a toujours de très mauvais côtés, chez toutes sortes de gens, Derrida compris, voilà. Et donc moi, ce que je crois, c'est qu'aujourd'hui il faut commencer à réinventer une réflexivité, qui est une réflexivité technologique : ce n'est pas la réflexivité du sujet, c'est la réflexivité d'un milieu.

MBK : Mais est-ce que ce n'est pas un pléonasme « réflexivité technologique » ?

BS : C'est un pléonasme ! Mais parfois tu as besoin de pléonasmes (*rire*) !

MBK : Bien sûr.

MC : De ce point de vue, peut-être faut-il alors voir comment toi, Mehdi, tu as abordé ce problème de la réflexivité pure dans ta conception de l'histoire. On pourrait revenir à ce que tu as dit précédemment, lorsqu'à plusieurs reprises tu as dressé une histoire dans laquelle tu dis t'inscrire, l'histoire de l'antiscolastique. Car il y a un geste analogue à celui de Bernard, consistant à penser que réussir à produire un concept critique de l'histoire suppose toujours de montrer une altérité à l'histoire de la philosophie, montrer que l'histoire de la philosophie n'est pas pure et qu'il faut toujours la penser à partir, ou avec, une autre histoire.

MBK : Très juste. Ça me vient de Foucault, c'est ma lecture singulière de Foucault.

MC : Pour toi, Bernard, l'histoire est celle de la technique, du pharmakon ; pour toi, Mehdi, c'est la différence entre l'histoire scolastique et l'histoire antiscolastique. Car, comme tu l'as montré tout à l'heure, on ne peut pas penser l'une sans l'autre. Alors, voilà ma question, dont la réponse n'est pas forcément formalisée dans ton œuvre, mais qui me semble latente : est-ce en prenant en considération le fait que l'histoire de la philosophie est double, est-ce par cette opération-là, que tu élabores ta critique ?

MBK : Ça fait presque Michel Onfray, histoire clandestine de la philosophie ou un truc comme ça (*rires*), donc je me méfie un peu (*rires*). Il y a là un point commun avec Bernard, c'est une critique radicale, en particulier, de Heidegger : en l'état actuel des sciences, on a appris tellement de choses nouvelles sur l'origine de l'humanité, qu'on ne peut pas s'en tenir à l'origine grecque. Heidegger ne veut entendre parler de rien d'autre que de l'origine grecque, tout a commencé avec les Grecs. D'où son antisémitisme, la parole juive étant une parole un peu plus reculée dans son origine que la grecque, et donc en ce sens plus originaire. Même à son époque il était... il pouvait être au courant que les juifs avaient eu lieu, ou que les Sumériens avaient eu lieu. Aujourd'hui, c'est bien plus que les Sumériens, on a des documents sur l'origine de l'humanité qui nous donnent à penser tout autrement l'origine. Bataille, par exemple, s'y intéressera immédiatement. Les textes de Bataille sur la paléoanthropologie sont de grands classiques méconnus. Voilà, pour la petite différence d'accentuation sur l'historicité.

Sur l'antiscolastique, pour moi, il y a l'histoire moderne qui commence avec Kant, et donc il y a la question de l'Université. Ce qu'il y a avant, c'est l'Église. Donc on peut considérer Maître Eckhart comme, déjà, un extrascolastique. Mais au-delà d'Eckhart, Descartes – le jeu de mots est involontaire ! – n'est pas un universitaire, pas au sens strict en tout cas, Spinoza n'en parlons pas, Hobbes non plus. Le philosophe n'était pas, comme depuis Kant, obligé d'être professeur.

BS : Non seulement il n'était pas obligé, mais il ne l'était quasiment jamais. Il était précepteur, ce qui est tout à fait autre chose. Il était éducateur. Parce qu'en général l'Université c'était l'Église, donc ce n'était pas le lieu pour venir bousculer les dogmes. C'est arrivé, heureusement, mais...

Réhabiliter Schopenhauer et relire Hegel

MC : Pour l'instant, dans notre conversation à propos de l'importance de l'histoire, il y a un nom que nous n'avons pas prononcé. Pourtant, à vous lire, vous semblez d'accord tous les deux pour dire que lorsqu'on veut interroger l'historicité de la philosophie, il est incontournable : Hegel.

MBK : Alors, Hegel, je le trouve, non pas absent, mais un peu au second plan du travail de Bernard.

BS : Pas tant que ça.

MBK : Tout de même moins que Nietzsche et Heidegger.

BS : Ah oui. J'étais très hégélien, moi, comme un marxiste… du coup, c'est vrai que j'ai eu tendance à m'en prémunir un peu, mais en même temps… j'adore lire Hegel, c'est une lecture philosophique immense.

MBK : En tant qu'autodidacte, j'ai eu dans un premier temps besoin de Kojève, comme tant d'autres, Bataille, Lacan, Debord, avant de lire Hegel directement dans le texte. Après, comme je le dis de manière provocatrice dans mon livre, je pourrais donner des cours toute une année sur *La Science de la logique*. J'y nage comme un poisson dans l'eau. Simplement, pour moi, ça ne vaut plus rien. C'est éblouissant, mais c'est de la métaphysique, au sens le plus plein et le plus fort du terme. Alors là, il y aurait une longue discussion, d'où ma tentation de réhabilitation de Schopenhauer, de donner une chance au point de vue schopenhauerien, c'est-à-dire anti-fichtéen et surtout anti-schellingien et anti-hégélien – le triumvirat Fichte-Schelling-Hegel constituant à ses yeux une trahison du geste kantien. Aussi choquant que ça puisse paraître, le point de vue de Schopenhauer m'appert aujourd'hui fondé. C'est-à-dire que Schelling et Hegel constituent des retombées, novatrices, mais des retombées quand même, dans la métaphysique. *La Science de la logique*, c'est ça. C'est un grand livre, un des plus grands livres de métaphysique ayant jamais existé, comme le dit Markus Gabriel, mais ce n'est « que » de la métaphysique. Est-ce que c'est vrai ? Est-ce que c'est faux ? On ne sait pas. Mais bon, je ne veux pas être trop provocateur…

MC : *Comment le point de vue de Schopenhauer impacte-t-il ton travail ?*

MBK : Schopenhauer c'est une redécouverte. Quand tu es adolescent, puis jeune adulte autodidacte, tu lis un peu tout en vrac, et c'est après que tu fais une sorte de tri (la critique comme tri sélectif). Pour les écrivains, le tri je l'ai fait très vite : Lautréamont, Artaud, Beckett c'était très important aussi ; alors qu'en philosophie, j'ai mis du temps à faire le tri... je mangeais tout, indistinctement, Hegel, Nietzsche, Debord, Bataille, je mettais tout dans le même panier. Et puis après on donne, non pas une hiérarchisation, il ne s'agit pas de dire que Schopenhauer serait au-dessus de Hegel, ça ne veut rien dire, mais on donne une chance... C'est la même chose quand je dis qu'il s'agit de tenir son rôle dans la pièce, de ne pas être dupe de son propre rôle... donc ne pas être dupe de son rôle d'antiscolastique.

J'ai bien conscience du fait que la philosophie depuis plus de deux siècles a lieu pour 98 % à l'Université. Mais, c'est justement cette fausse évidence – l'*a priori* institutionnel – qu'il s'agit un peu de mettre à la question, de déjouer. Donc, Schopenhauer, c'est d'abord un style éblouissant, tous les grands écrivains l'ont dit, plus encore que pour Nietzsche, ce qui n'est pas peu dire. Il y a une sorte de clandestinité, au sens où Schopenhauer a été très refoulé par l'Université, on ne le cite quasiment jamais, on ne le commente quasiment jamais, comme si Nietzsche l'avait définitivement enterré. Donc, lui laisser une petite chance, comme s'il était venu après Nietzsche, et qu'il avait résolu certaines des apories de Nietzsche, ce que je crois pour le coup très profondément désormais. Mais aussi de donner voix à Schopenhauer sur la question : et si ça avait à nouveau dérapé dans la métaphysique avec Schelling et Hegel ? Ce que je crois aussi. Je crois vraiment que c'est un point de vue qui se tient, qui est défendable aujourd'hui, et oui, comme personne ne s'occupe de ça, c'est un boulevard qui s'ouvre quand tu t'y mets.

MC : Et qu'en est-il concernant l'importance de Hegel pour penser l'histoire ?

MBK : Ça, c'est le jeune Hegel. Moi, c'est le jeune Hegel contre le vieil Hegel, qui est vraiment un vieux métaphysicien chenu (Deleuze disait qu'il fallait penser un Hegel barbu, et un Marx glabre). *La Phénoménologie de l'esprit*, ça reste un aperçu philosophique sans commune mesure, et qui, à mon avis, et là je suis très curieux d'entendre Bernard, est un grand livre sur l'exosomatisation. Au fond, il y a quelque chose qui a été aperçu, là, qui n'a jamais été réaperçu de toute l'histoire de la philosophie.

BS : Je voudrais repartir de Hegel et de l'extériorisation de l'esprit comme exosomatisation, comme l'a dit Mehdi. Moi j'ai été un lecteur passionné de Hegel et je continue à l'être, d'ailleurs. Quand je suis un peu déprimé, je me tape un peu de Hegel (*rires*). Ça me remet en forme. C'est génial. Purement génial. Les gens disent que c'est difficile, bien entendu, mais c'est un polar, quoi, c'est palpitant.

MBK : Quand Jean-Clet Martin dit *Une intrigue criminelle de la philosophie*[3], il a touché juste.

BS : C'est très important Hegel, très très important. J'en parle très peu, d'abord parce qu'on ne peut pas parler de tout. Mais j'en parle dans *État de choc,* où j'ai un chapitre consacré à Hegel. Tu l'as lu ce truc-là ?

MBK : Non, pas celui-là.

BS : Bon, je vais te le passer parce qu'il y a là ma discussion avec Hegel. Pour moi, Hegel c'est extrêmement important, d'abord parce qu'il m'a initié à la philo, un peu comme Heidegger. J'ai lu les *Leçons sur l'histoire de la philosophie* de Hegel. Par exemple, tout ce que je dis d'Aristote passe d'abord par les commentaires de Hegel. Aborder Aristote directement, c'est quasiment impossible. D'autant plus si tu ne lis pas le grec... Moi, j'ai lu Aristote, et plus généralement les Grecs, en croisant Hegel, Heidegger et Nietzsche, qui sont trois incompatibles, qui sont trois personnes qui ont des visions totalement différentes des Grecs – et puis Derrida, bien entendu. Je suis absolument d'accord sur le fait que le premier philosophe qui pense l'extériorisation, c'est Hegel. L'esprit s'extériorise. C'est d'abord ça qu'il pose. C'est son point de départ. Le problème c'est qu'il l'efface, un peu comme Hermès qui sort en marche arrière et efface ses traces – vous connaissez la mythologie des Grecs. Il fait

---

3   Jean-Clet Martin, *Une intrigue criminelle de la philosophie. Lire* La Phéno-ménologie de l'esprit *de Hegel*, Paris, La Découverte, coll. « Les Empêcheurs de penser en rond », 2009.

pareil. Et pas besoin d'attendre *La Science de la logique*, il fait ça dès la *Phénoménologie de l'esprit...* Du coup, il n'y a plus d'exosomatisation, tout est devenu Esprit, c'est l'endosomatisation de l'exosomatique, du Savoir Absolu. J'appelle ça le non-Savoir Absolu, et l'intéressant est que l'acronyme c'est NSA (*rires*). J'ai donc fait un truc sur la NSA : elle ne sait rien, mais elle s'en fout parce que son problème c'est le calcul et pas le savoir[4].

Alors, moi, je suis anti-kojévien. J'ai une certaine admiration pour Kojève, bien sûr, mais je pense qu'il induit quand même des trucs...

MBK : Kojève est si impressionnant que je ne le mets même pas, et j'ai bien tort, dans le panthéon extrascolastique, alors qu'il n'avait pratiquement aucune formation universitaire qui l'y prédisposait. Comment a-t-il fait pour tirer tout ça de son chapeau ? C'est quand même ahurissant. Et il a eu une de ces vies... autre chose que nos professeurs...

BS : Bien sûr, bien sûr. Mais il a créé des problèmes, très importants. Par exemple, il a légitimé la mauvaise utilisation de la dialectique du maître et du serviteur. C'est lui qui lance la dialectique maître/esclave. Même Derrida reprend ce truc ! C'est dingue, parce que Hegel ça ne parle pas du tout de ça. Or, ça a produit toute une foule de mésinterprétations, très lourdes – chez Lacan, notamment.

MBK : Alors je dirais : mais justement, c'est du Kojève. Si on le prend comme tel, comme une réflexion de Kojève, et pas de Hegel, ça a toute sa pertinence. Donc, je vois à peine où est le problème, qui de toute façon tisse de toute part toute l'histoire de la philosophie. Les mésententes interprétatives... comme si Hegel n'avait pas mésinterprété Kant, etc. Ou Heidegger, Nietzsche. Si on le prend pour ce que c'est, une réflexion de Kojève, ce qu'il y a d'éblouissant c'est que ça fonctionne.

BS : Bien sûr. Mais, du coup, comment comprendre ce qu'a dit Hegel ?

---

4   Voir les chapitres 4 et 7 de *Qu'appelle-t-on panser ? t. 1. L'Immense Régression*, *op. cit.*

MBK : Mais, comment Hegel serait passé dans le domaine public français sans Kojève ?

BS : Ah, eh bien, il y a Jean Hyppolite, quand même. Hyppolite, il est discret et très modeste, comme Canguilhem, mais il est là pour dire : « vous êtes bien gentils avec Kojève, mais moi je vais vous faire lire Hegel, arrêtez de me casser les pieds avec Kojève ! ». Qui a introduit Hegel et Husserl en France ? Hyppolite. On dit que Sartre a introduit la phénoménologie en France, mais c'est faux. Sartre a introduit Sartre. Il s'est servi de la phénoménologie pour s'introduire. Tandis qu'Hyppolite, lui, n'a rien introduit du tout d'autre que la phénoménologie. C'est grâce à lui qu'on a Derrida et tout ça, c'est lui qui a dit à Derrida de le lâcher avec Joyce et d'aller traduire *L'Origine de la géométrie*. Il le lui a imposé. Donc, voilà, ça c'est l'avantage de l'institution, quand même – dont on ne fait pas partie.

Les différances et l'universalité technique

MC : Afin d'approfondir la question de l'histoire, je me permets de reprendre une idée que Bernard a émise précédemment et qui me paraît cruciale. Tu as précisé que ta critique envers Derrida consistait, pour une part, à aller plus loin que lui dans sa lecture de Platon, en disant qu'il n'était peut-être « pas du tout » platonicien, et donc qu'il serait possible de faire de la philosophie sans être nullement platonicien. Ça m'intrigue parce que, si on joue le jeu derridien, il pourrait répondre que « il y a Hegel ». Je m'explique. C'est que, dès lors qu'on veut faire de la philosophie, il faut en penser l'histoire, c'est-à-dire en saisir l'unité, et dès lors qu'on veut penser une unité on risque de tomber dans l'idéalisme hégélien. Pour le dire autrement, toute compréhension autre qu'empirique de l'histoire, semble nécessiter le recours à l'Idée, ce que Platon aura pensé le premier, originairement. Par là, la question que je souhaiterais te poser, c'est en fait la question que Yuk Hui te pose : comment peux-tu à la fois être critique envers ce qu'il y aurait encore d'idéaliste chez Derrida, c'est-à-dire envers son hégélianisme, et tenir l'idée qu'il y aurait une histoire des techniques ? Au risque de compliquer encore ma question, il s'agit là du problème que posent les postcolonial studies, au sens où, une manière de sortir de Hegel consisterait à pluraliser l'histoire.

MBK : Moi, je pose la question : qu'est-ce que les Indiens pensent de Schopenhauer ? Lui qui les connaissait si bien, si tu compares avec la haine qu'avait Hegel de la culture indienne, au contraire du respect qu'il avait pour l'impérialisme chinois. Il connaissait extrêmement bien la culture chinoise, il avait une immense admiration – et Dieu sait si c'est une culture hégélienne. Mao saura s'en souvenir.

BS : En effaçant un peu la culture chinoise au passage, tout de même (*rires*). Oui, mais cela dit, tu as tout à fait raison.

La question dans ce que tu poses, Michaël, c'est l'Un. Donc, c'est aussi la discussion entre Deleuze, Derrida, la différance, tous ces machins-là très compliqués. Premièrement, je répète ce que je disais tout à l'heure : *la* différance, je ne sais pas ce que ça veut dire. Ce que je sais ce sont *les* différances. *La* différance est d'emblée *les* différances, il n'y a pas *la* différance. C'est ça que j'oppose à Derrida. Ensuite, deuxièmement, ce que je pose c'est que l'homme est un être exosomatique. Je le reformule aujourd'hui dans ces termes, ce qui n'était pas le cas il y a même cinq ans car à l'époque je disais plutôt que l'homme est un être issu du processus d'extériorisation décrit par Leroi-Gourhan. Troisièmement le processus d'extériorisation, d'exosomatisation, a sa logique. En ce moment, je lis Popper, *La Connaissance objective*. C'est extrêmement intéressant – pour lutter contre le platonisme. Ça ne veut pas dire que je suis poppérien, mais c'est très très intéressant. Il montre qu'il y a des conditions subjectives des mathématiques et puis paf ! à un moment, les mathématiques partent toutes seules. Tu es obligé de courir derrière, elles t'ont échappé. Il dit que c'est de ça dont parlait Platon en fait, mais il faut le reformuler autrement, et il ajoute : sans papier et sans crayons, il n'y a rien. Mais il ne va pas plus loin. C'est David Bates, en fait, qui m'a fait lire ça. À la base, Popper ce n'est pas du tout mon truc. David Bates il lit tout, il n'est pas du tout compartimenté, il lit Heidegger, il lit Derrida, il lit des philosophes analytiques – il est américain, il est bien obligé.

Mais ce que je veux dire, c'est qu'il y a ce que Popper appelle un troisième monde. Il y a un troisième monde, que moi j'appelle le monde de l'hypermatériel, et dans ce monde de l'hypermatériel il y a des incorporels au sens stoïcien – mais qui sont matériels ! Les incorporels sont matériels ! Ce monde-là a sa logique, et cette logique-là n'est pas une logique, c'est une techno-logique, c'est-à-dire toutes sortes de logiques : ce sont des matério-logiques, voilà. Ce sont des logiques qui sont situées, en ce sens il y a des logiques chinoises, il y a des logiques... et on ne peut pas les effacer ! On a eu une petite discussion avec Yuk là-dessus, en effet, parce qu'en fait, moi je pose, comme Leroi-Gourhan, qu'il y a des tendances techniques universelles, mais les tendances techniques universelles ce sont des tendances qui ne se sont jamais réalisées.

Leroi-Gourhan dit qu'il faut faire attention... ce sont les nazis qui affirment qu'il y a des tendances réalisées, ce sont, par exemple, ce qu'ils appellent les Aryens. Or, Leroi-Gourhan c'est d'abord quelqu'un qui combat les nazis. Je ne sais pas si vous connaissez son histoire, c'est un fils adoptif, qui a été recueilli par une dame riche, disons une bourgeoise, mais qui avait de quoi prendre en charge l'éducation d'un môme. Elle aimait bien ce môme, elle l'a recueilli et a essayé de s'en occuper, de l'éduquer, et je ne sais plus pour quelle raison mais il se trouve que dans sa maison il y avait un gendre qui avait un cabinet des curiosités, un monsieur qui collectionnait des fossiles, un minéralogiste, un peu comme Caillois, un entomologiste, un collectionneur de papillons mais aussi d'objets curieux préhistoriques. Et donc, le petit André venait là-dedans, il regardait tous ces trucs et ça le fascinait. Mais bon, c'était un môme qui n'avait pas de fortune du tout, donc à seize ans, au boulot. D'abord à l'école communale de Jules Ferry, puis je crois qu'il a fait aussi le cours supérieur, comme on l'appelait, et ensuite, au boulot. Il est devenu commis de quincaillerie, donc il bossait dans une quincaillerie dans un bled, il allait chercher au fond, les vis, les trucs et les machins, les éponges, l'acide chlorhydrique, mais il était passionné d'archéologie, comme ça. Du coup, il s'est mis à aller dans des cours, ouverts au public, sur les langues orientales, où il y avait un mec qui s'appelait Marcel Mauss. Il était super intéressé et tout ça, mais il faisait ça en plus de son boulot. Un jour, il a eu l'audace de prendre la parole, Mauss l'a repéré et lui a dit : « mais qui es-tu toi ? ». André explique qu'il bosse à la quincaillerie, etc. Mauss lui dit : « ah bon ? Mais ça ne t'intéresserait pas d'être bibliothécaire à l'école de... – Mais si monsieur (*rire*) ! ». Il est donc embauché comme commis de bibliothèque, à l'Inalco (Institut National des Langues et Civilisations Orientales), puis, deux ans après, Mauss lui demande s'il ne voudrait pas faire une enquête ethnographique. Et hop, il l'envoie dans le Pacifique. C'est comme ça qu'il est devenu Leroi-Gourhan.

Pourquoi je dis ça ? Parce que Leroi-Gourhan découvre sur le terrain qu'il y a des logiques, disons de l'évolution des objets techniques, qui dépassent les particularismes. Il travaille depuis le pôle Nord jusqu'à deux mille kilomètres au-dessus du Japon (en fait, pratiquement depuis le pôle Nord jusqu'à l'Équateur) et il travaille sur des ethnies qui sont complètement isolées, qui n'ont jamais eu de communication avec le dehors, etc. Qu'est-ce qu'il met en évidence ? Eh bien que s'ils ont les mêmes problèmes avec les mêmes matériaux, ils trouvent les mêmes solutions. *Grosso modo*, dit-il. Mais, ajoute-t-il, il faut y regarder de plus près. Il faut aller voir ce qu'il appelle les degrés du fait technique, et il y a quatre degrés. Car il n'y a jamais une pure expression de la tendance, la tendance s'exprime, on la trouve partout, pour une raison très simple, c'est que sur terre les lois de la gravitation universelle et tout ça sont les mêmes, et *grosso modo* la biosphère est la même, c'est-à-dire qu'il y a de l'humus, il y a du vent, de l'eau, des poissons, il y a des protéines, *grosso modo*, les matériaux, c'est du granit, du basalte, du bois, et à partir du moment où le même type de bonhomme qui a la même conformation, le même problème de calories à dépenser par jour, etc., se trouve confronté aux mêmes animaux aquatiques, par exemple pour les Esquimaux ce sont des phoques, pour les hommes de l'île de la Sonde ce sont des loutres, alors, ils ont la même technique de chasse, c'est-à-dire qu'ils inventent le harpon à propulseur. Maintenant, si on regarde le harpon, ce n'est pas tout à fait le même parce qu'il est sculpté d'une certaine manière chez les chamans alors qu'il ne l'est pas... voilà, dit-il : il y a quatre degrés du fait. Ça, ce sont des tendances, et ces tendances, dans la définition de Leroi-Gourhan, sont un croisement de la biologie, de la physique et de l'anthropologie, bien entendu. Sauf que, l'anthropologie est définie précisément par le fait que les tendances techniques négocient avec ce qu'il appelle les faits techniques. Et les faits techniques ne sont pas simplement techniques. Ils sont sous influence de la localité, des pratiques religieuses, de la hiérarchie sociale, des classes sociales comme diraient les marxistes. Leroi-Gourhan n'était pas marxiste parce que non seulement il était catholique, mais il était fondamentaliste, ce que très peu de gens savent. Très fondamentaliste. Ce n'était pas Monseigneur Lefebvre, mais c'était vraiment un catho très très radical. En même temps, il lisait Marx, etc., c'était un mec intelligent, on ne sait pas pourquoi il était fondamentaliste, je n'ai jamais eu d'explication, mais il lisait énormément. Je pense que c'est Teilhard de Chardin qui l'a influencé, il le lisait beaucoup, il le connaissait. Mais il ne dit pas qu'il y a une tendance technique universelle, pas du tout. Il dit qu'il y a des tendances techniques universelles qui composent avec des faits techniques qui sont diversels. Ce que dit Yuk, c'est comme ça que je l'entends ; je vais écrire un papier là-dessus, parce qu'il se trouve qu'on m'a demandé de faire un article sur Yuk[5].

C'est en lisant Derrida que j'ai découvert ça, en réalité, parce que c'est lui qui parle de Leroi-Gourhan, sauf qu'il a éliminé tout ça. Ce qui intéresse Derrida chez Leroi-Gourhan c'est la trace, c'est-à-dire ce qu'il décrit de l'abstraction des premières formes préhistoriques etc. Ça lui permet de montrer que toute cette histoire du lien de l'écriture à la langue, ou de l'écriture aux choses, c'est complètement bidon, ce qui, bien entendu, n'est pas faux. Sauf qu'il ne lit pas *L'Homme et la Matière*, en fait, il ne lit pas toutes sortes de textes sans lesquels on ne peut pas tout à fait faire droit à ce que dit Leroi-Gourhan. Il a une lecture très spéciale de Leroi-Gourhan, un peu pirate, quand même, pour moi.

Maintenant, pour revenir au fond, le sujet de tout ça, c'est la localité. Parce que là, avec Yuk, on a un petit bras de fer. Très feutré, parce que jamais il n'osera me le dire en face comme ça, et moi non plus, parce que je l'admire énormément et je n'ai pas envie d'être désagréable, mais on a un petit bras de fer, quand même, qui porte sur deux sujets. Cette question de l'universalité technique, d'une part, et là je vais essayer de clarifier le sujet parce que je pense qu'il ne comprend pas bien ce que dit Leroi-Gourhan, et le deuxième sujet c'est l'entropie.

Yuk, qui est fûté et qui est matheux en plus, sait qu'en maths c'est un merdier pas possible cette question d'entropie, donc il est extrêmement prudent. Parce qu'un Chinois est toujours extrêmement prudent (*rire*), ça c'est le caractère de n'importe quel Chinois, quel qu'il soit. Donc il fait très très attention : il s'est dit « ouh là ! Bernard, il va vite, il n'est pas couvert et il ne veut pas me couvrir.

---

5   Cf. Bernard Stiegler, « *Noodiversity, Technodiversity. Elements of a New Economic Foundation Based on a New Foundation for Theoretical Computer Science* », dans Yuk Hui et Pieter Lemmens (dir.), *Journal of the Theoretical Humanities*, vol. 25, n°4, Special Issue: Cosmotechnics, 2020.

Je vais peut-être lui tirer dessus plutôt. ». Il peut toujours y avoir ce genre de chose, c'est la vie, c'est la loi, même. Et il le fait pour une raison précise qu'il tient de Simondon, que je critique. Moi, je dis que Simondon n'a pas fait ce qu'il a promis : il a promis qu'il allait introduire la néguentropie etc., pour se distinguer complètement de Norbert Wiener. Là-dessus, il est complètement clair, il cite Wiener, il l'attaque, sauf qu'il ne le fait pas. Et pourquoi ne le fait-il pas ? Je ne lui ferai pas l'affront de dire qu'il ne connaît pas Schrödinger, mais il ne le cite jamais. Arriver à parler de la néguentropie sans citer Schrödinger, ce n'est carrément pas possible. Pour moi, c'est aussi grave que ce que je disais tout à l'heure de Godelier qui ne cite pas Leroi-Gourhan. Mais là, ce n'est même pas une histoire académique où, pour ne pas fâcher untel, il éviterait de citer son ennemi juré. Non, Schrödinger n'est l'ennemi de personne, donc il n'y a pas de raison. En fait, moi je crois que c'est un refoulement, noétique, comme ça arrive souvent. Simondon est fasciné par les probabilités, même s'il dit que rien ne peut se résoudre par le calcul, il n'empêche que ça le bluffe vachement. Et Yuk aussi. Parce que Yuk, il est mathématicien, il n'y en a pas beaucoup de matheux aujourd'hui qui arrivent à se dire que tout n'est pas dans le calcul.

MC : Mais, précisément, dans son dernier livre, Yuk reprend cette question, qu'il avait déjà formulée dans ses deux derniers ouvrages. Il fait un pas vers toi au sens où, via Lyotard, mais autrement, il thématise l'incalculable à partir d'une critique de la notion d'information chez Simondon (en tant qu'il n'aurait pas assez pris en compte l'importance du feedback chez Wiener).

BS : Je suis d'accord avec ça, je l'ai lu. Alors Lyotard, je le connais très très bien, hein, cette question de l'entropie et tout ça je l'ai provoquée chez Lyotard. En fait, il était mon directeur de DEA, et Lyotard était beaucoup plus sérieux que Derrida pour encadrer des thèses ou... il me voyait et on discutait de tout ça – Derrida ça le faisait chier de regarder les thèses. Donc, j'ai vraiment beaucoup discuté avec lui, et on a fait ce séminaire dont il a fait un chapitre de *L'Inhumain*[6],

---

6   Jean-François Lyotard, « Logos et tekhnè, ou la télégraphie » dans *L'Inhumain. Causeries sur le temps*, Paris, Galilée, coll. « Débats », 1988, p. 57-67.

donc on a beaucoup discuté de ça avec Lyotard. Mais Lyotard, à l'époque, le cadre dont il part, comme moi, c'est l'intelligence artificielle. Comme Yuk. C'est-à-dire qu'il se demande s'il est possible de faire qu'il y ait une noèse sans corps. Donc, il part dans une navette spatiale, etc. Et ça, c'est le discours de la Silicone Valley, enfin disons de Stanford, des cognitivistes, etc., que j'ai toujours combattus, moi. J'ai commencé à combattre ça en 1989 quand j'ai créé ce laboratoire à l'UTC[7]. Et à ce moment-là je ne voyais plus Lyotard. Lyotard je l'ai beaucoup vu entre 1985 et 1988, lorsqu'on travaillait vraiment là-dessus. Mais je ne connaissais pas Schrödinger à l'époque, je ne connaissais pas non plus Simondon. Ce que je crois, c'est que la vraie question qui se pose, ce n'est pas l'intelligence artificielle, pour moi c'est un faux problème. C'est une arnaque. La vraie question qui se pose est celle de l'hominisation, et l'hominisation c'est une néguentropie produite par des artefacts. Pas par l'organogenèse. Et là, ça passe par Schrödinger.

MBK : Immense lecteur de Schopenhauer, soit dit en passant.

BS : C'est là que je pense que ça l'emmerde, Yuk, il recule. Parce que Yuk c'est quelqu'un qui voit très loin. Depuis Honk Kong, quand il était môme et qu'il a fait sa thèse sur l'intelligence artificielle, il avait déjà en tête sur quoi il bosse aujourd'hui, il est comme ça Yuk, il joue au jeu de Go avec vingt coups d'avance. Moi, j'essaie de le faire bouger de ça. J'y arrive, hein. Par ailleurs, Yuk a écrit des choses sur Lyotard très intéressantes.

MC : Il a édité un ouvrage en hommage à l'exposition Les Immatériaux[8].

BS : Oui, il est très lyotardien. Ce qui est une limite. Moi, j'admire beaucoup Lyotard et je l'aimais beaucoup, c'était un mec génial. Mais quand même... Dans *L'Inhumain* il y a ce chapitre, dont je parlais, qui est un séminaire qu'on a fait ensemble, mais après il y

---

7   Il s'agit du laboratoire COSTECH (Connaissance Organisation et Systèmes TECHnique) à l'Université de Technologie de Compiègne.

8   Yuk Hui et Andreas Broeckmann (dir.), *30 Years after* Les Immatériaux. *Art, Science and Theory*, Lüneburg, Meson press, 2015.

a un autre chapitre, une catastrophe : du Heidegger de bas étage. C'est vraiment… En fait, Lyotard ne connaissait pas bien Heidegger.

MC : En effet, Yuk cherche à relire Lyotard avec une bonne connaissance de Heidegger. C'est à partir de la critique du fondement établi par Heidegger dans Le Principe de raison *que Yuk thématise la radicalité du questionnement philosophique, et voit dans l'inhumain, le concept lyotardien, une manière de poser la question, ce qui permet de faire le lien avec l'incalculable.*

BS : Et avec Schelling. Car c'est Schelling qui l'intéresse, au fond. Là, il faudrait organiser une rencontre avec toi, Mehdi, sur Schelling et Schopenhauer…

MBK : Oh, j'ai beaucoup lu Schelling. Il ne faut surtout pas se tromper.

BS : Moi, je ne connais pas bien Schelling. Je compte m'y mettre un jour mais… ni Schopenhauer, d'ailleurs. Je le connais à travers ma fille, Barbara, qui a beaucoup lu Schopenhauer. Mais, pour revenir à Yuk, c'est-à-dire au-delà de Yuk, à propos des enjeux que ça représente. Nous partageons quelque chose de fondamental Yuk et moi, je l'ai à nouveau constaté lors d'un séjour en Italie. On est toujours à dire : la technologie, méfiez-vous, vous ne savez pas ce que c'est. Parce que les gens ont toujours vite fait de plier le truc en disant qu'une machine ça ne peut pas penser ou je ne sais pas quoi. Yuk dit toujours qu'il faut bien réfléchir avant car ce n'est peut-être pas le bon problème, en fait. Que peut une machine ? Ça, c'est une vraie question et, là-dessus, Yuk et moi nous ramons dans le même sens, et depuis longtemps parce que ça fait quand même maintenant plus de dix ans. Après, il y a un petit malentendu entre lui et moi. Parce que, pour lui, la question « que peut une machine ? » équivaut à « que peut un calcul ? ». Or, moi je dis que non, justement, ce n'est pas le calcul mais le complexe, je ne dirais pas homme/machine, mais noèse/rétention tertiaire. Alors, en ce sens-là, il me suit, il est super intelligent donc il comprend bien de quoi je parle, mais il est toujours attiré par son *background* de matheux, et pas seulement de matheux mais de *computer scientist*, c'est-à-dire de mec capable d'entrer dans le système d'une machine en zéro et en un. C'est un ingénieur système, il est capable d'entrer au cœur des machines, il a ce niveau de compétence-là et il tient à le valoriser, ce qui est normal. Mais le malentendu entre nous – je dis bien malentendu, pas désaccord – c'est qu'on est sans cesse en train de… comme j'avais un problème avec Lyotard, au sujet de Heidegger et de la phénoménologie.

Le Mal dans l'histoire et le nihilisme

MC : Après cette légère digression, il nous reste à aborder un dernier aspect, qui a déjà été évoqué et qui touche peut-être plus directement ton travail, Mehdi, concernant l'articulation de cette question de l'histoire avec celle du Mal. En effet, pour toi le problème de la critique passe aussi par le fait de remarquer une sous-estimation de la question du Mal dans la tradition philosophique.

MBK : Voilà. Mais, et c'est avec la discussion que ça vient, c'est parce que cette question de rétention tertiaire, d'exosomatisation, etc., peut apparaître à un certain moment de l'histoire, le nôtre avec le travail de Bernard, qu'on peut prendre toute la mesure de cette sous-estimation. Je m'explique : ce n'est jamais le caprice subjectif d'un certain Mehdi Belhaj Kacem – pas plus que la rétention tertiaire n'est une simple lubie de Bernard Stiegler –, si je pense quelque chose, c'est que ça s'impose à la pensée, tout simplement. Donc, il y a sous-estimation par la tradition philosophique, mais il n'y a pas de coupable. Ce n'est pas : la faute à Platon, la faute à Descartes, etc., ou Saint Thomas d'Aquin quand il dit : « la mort et toute cette sorte de chose ». C'est qu'ils n'ont pas la chose sous les yeux. Ce fut le grand propos d'une certaine pensée du cinéma, Godard, Daney, etc. : le cinéma nous a fait savoir qu'il y avait les camps. C'est aussi grâce à la technologie qu'on se rend compte, réflexivement, de tout le mal, c'est tautologique, que la technique elle-même fait à l'animal humain. C'est l'enfer de l'exosomatisation. C'est pourquoi je n'ai pas besoin du concept de nihilisme, après l'avoir longuement commenté et déconstruit, il suffit de dire, liminairement, que le Mal c'est le corps animal augmenté inutilement dans ses souffrances, même si l'adverbe « inutilement »… on obtient quand même des choses, néguentropiquement comme tu dirais, par la supplémentation technologique. Un autre philosophe pourrait soutenir, tout à fait à bon droit, que le Mal est nécessaire à ce que le Bien advienne, on peut interpréter l'hégélianisme en ce sens. C'est ce que je n'admets pas, que la torture soit nécessaire à tous les avantages dont nous gâte la technologie. Mais ce n'est pas simplement la technique, c'est cette espèce d'explosion noétique dont parle sans cesse Bernard, en évitant de trouver un bouc émissaire, car il n'y en a pas, même pas les nazis ou la Silicone Valley. C'est vraiment un processus phénoménologique... c'est ce que décrit mon *Dieu*. C'est un accident qui est arrivé à la mémoire de l'animalité humaine et tout ce qui semblait simplement bien dans cette supplémentation à la tradition philosophique, dans les processus d'exosomatisation et de rétention tertiaire, avait tout un tas d'effets collatéraux. Je pourrais faire un néologisme à partir du travail de Bernard : la « dépressurisation noétique », c'est ça qui nous arrive à cause des modalités toujours renouvelées de rétention tertiaire. Et comment trouver un *là* à travers tous ces processus de dépressurisation noétique ?

Toutes les psychopathologies, qui sont sans exception des traumatismes de la mémoire animale, viennent de là, de l'exosomatisation radicale de la technologie. Donc, bien sûr que la question de l'histoire et la question du Mal ont partie liée, le surgissement de l'une va de pair avec le surgissement de l'autre. On pourrait dire : l'histoire n'est autre que le concept de la dépressurisation noétique, au sens où rien ne nous oblige à savoir comment ça se passe à des millions de kilomètres d'ici, à des milliards d'années, du lieu et du moment où nous parlons. Un animal ne s'en soucie pas, n'est pas dépressurisé noétiquement par la rétention tertiaire, seulement, le cas échéant, technologiquement torturé par notre faute. C'est pour ça que le chat, lui, se porte très très bien, contrairement à nous. Quand tu dis dans ton livre que si quelqu'un dans le métro te demande comment ça va, tu réponds : « mal, comme tout le monde », voilà (*rires*).

Là, c'est le fondement d'une éthique, très proche d'Adorno, qui disait souverainement : l'histoire n'est pas l'histoire du Bien des philosophes, mais de l'horreur. C'est la question adornienne de la culpabilité universelle, cette question pourrait être : « comment faire pour aller bien sans être un salaud ? ». C'est une question que j'adresse à des philosophes éminents que je n'ai pas envie de nommer ici, aussi bien qu'à Peter Thiel ou à des gens comme ça.

BS : Tu as vu *On connaît la chanson* de Resnais ? C'est le sujet du film. Tous les gens qui vont bien sont vraiment des cons (*rires*). Resnais lui-même allait super mal, et je le sais parce qu'un jour j'ai rencontré un de ses anciens assistants, je lui ai dit que je voulais rencontrer Resnais et il m'a dit : « vous ne le verrez jamais, parce qu'il va extrêmement mal, il ne veut voir personne, il veut qu'on lui foute la paix. Il veut faire ses films. ». Je pensais à lui quand tu parlais de Lars von Trier[9]. C'était une espèce de Lars von Trier du XXᵉ siècle, enfin d'après ce qu'on m'en a dit parce que je ne l'ai jamais rencontré.

Mais je voulais ajouter deux choses si vous n'êtes pas trop fatigués... sur le Mal et l'histoire, il faut lire Arnold Toynbee, qui est un drôle de mec. Je l'ai découvert par hasard, sur Internet : un jour, je tombe sur un article d'un journaliste cultivé – ça existe – où il cite une phrase de Toynbee et je me dis que ça, c'est super intéressant. Ça disait que « toutes les sociétés sont suicidaires ». Toutes les sociétés meurent par suicide, en fait. C'est parce que, à un moment donné, elles n'y croient plus, elles se flinguent. Je me suis dit que c'était génial comme vision de l'histoire. Alors, je commence à regarder de plus près ce Toynbee : une culture inouïe, une érudition incroyable, il parle de la Chine, de l'Inde, de l'Afrique, et à chaque fois c'est... incroyable. On sent que c'est de première main, quoi, que c'est un mec qui y est allé... En fait, après, j'ai compris qu'il était passionné, qu'il avait un grand-père qui avait une bibliothèque d'enfer, donc, tout gamin, il s'était mis à lire dans toutes les langues. Si j'ai dit que je ne le connaissais pas, c'est pour une raison toute simple : il a été introduit en France par Raymond Aron, donc c'était un anti-marxiste et dans mon écosystème cela signifiait à ne surtout pas lire. Il était victorien. L'Angleterre victorienne de droite, pas vraiment de droite quand on regarde bien, mais disons, un peu conservateur, impérialiste, évidemment, parce que c'était un Anglais. Mais il faut aller voir ce qu'il raconte. Il raconte que la

---

9   Cf. Mehdi Belhaj Kacem, Raphaëlle Milone et Lars von Trier, « *Lars von Trier. In Conversation with Mehdi Belhaj Kacem & Raphaëlle Milone* », dans *Diaphanes*, n°5 « Taming the Gaze », automne/hiver 2018-2019, p. 40-47.

question du Mal se pose à partir du moment où l'homme produit des organes artificiels. Donc, la question du Mal n'est pas une question métaphysique, c'est une question vitale. Si les hommes ne se posent pas la question du Mal, ils ne peuvent pas survivre. Donc c'est une fonction biologique. C'est extrêmement intéressant. Lire Nietzsche avec Toynbee c'est passionnant. C'est d'ailleurs pour cela que j'ai écrit une nouvelle généalogie de la morale[10].

La deuxième chose, c'est que j'aimerais que tu me dises, Mehdi, à propos du nihilisme…

MBK : C'est que je n'en ai pas besoin. Comme dit Deleuze au sujet de la mort de la philosophie, il n'en a pas besoin. Ce n'est pas anecdotique puisque le commentaire de Nietzsche par Deleuze est le seul qui ne fasse quasiment aucun cas du concept de nihilisme, en tout cas c'est très discret.

BS : Un peu quand même…

MBK : Vraiment très peu. Le mot s'y trouve très peu. Il ne lui donne en tout cas pas une place comparable à celle que donne Heidegger. Pour moi, le nihilisme a eu pour fonction, dans la philosophie récente, de perpétuer la question de la forclusion du Mal. Le Mal, comme chacun sait, est un concept religieux ; c'est pour ça que les philosophes, surtout les tard-venus (je pense à Nietzsche et Heidegger), ne veulent pas en entendre parler, et c'est un coup de génie de Nietzsche que de remplacer ça par « nihilisme ». Mais, pour moi, ça reste juste un truc de remplacement pour ne pas se coltiner… aujourd'hui on n'a plus d'excuse pour continuer à appeler ça nihilisme plutôt que Mal. Moi, quand je te lis et que je vois « nihilisme », je lis « Mal ».

BS : Alors moi je parle du Mal *et* du nihilisme. Et ce n'est pas la même chose, chez moi. Il n'y a pas de Mal sans nihilisme, il n'y a pas de nihilisme sans Mal, mais ce n'est pas la même chose.

———

10 Voir le chapitre 5 « Orthogenèse et sélection. La *généalogie exosomatique de la morale* » de *Qu'appelle-t-on panser ?,* t. 1., *L'Immense Régression, op. cit.*

MBK : Mais alors c'est à toi de définir le nihilisme. Moi, c'est vraiment un concept dont je n'ai plus besoin.

BS : Ce qui m'intéresse dans le nihilisme chez Nietzsche, au premier chef, évidemment en passant par Heidegger et par Deleuze – je pense que Derrida ne comprend rien à Nietzsche...

MBK : C'est très probable.

BS : Il ne l'aimait pas beaucoup et puis il n'a pas bossé, quoi. Ce qu'il dit, il ne l'a pas travaillé, ce qui est très rare chez Derrida, mais avec Nietzsche, c'est le cas. En tout cas, moi, ce qui m'importe, chez Nietzsche, c'est le nihilisme actif et passif, donc la question du ressentiment – qui n'est pas le Mal. Le ressentiment, c'est d'abord ce à quoi personne n'échappe ; on ne peut pas échapper au ressentiment. Moi, très régulièrement, je m'observe, mais réellement, bavant de ressentiment. Et je me dégoûte. Mais ce n'est pas le Mal.

MBK : Alors que moi je suis assez inaccessible au ressentiment, c'est peut-être ma sainteté mais...

BS : Tu as de la chance (*rires*) !

MBK : Mais déjà, c'est à mes yeux une erreur de diagnostic de Nietzsche : il dit que le ressentiment vient des esclaves, c'est faux, le ressentiment vient des maîtres. Là, je m'inspire complètement des analyses de mon ami David Graeber[11].

BS : Moi, je ne suis pas nietzschéen, comprenons-nous bien, et pour moi le nihilisme ce n'est pas ce que dit Nietzsche : je reprends la question du nihilisme, et ça passe par le *pharmakon*, le *pharmakos*, et la technique. Mais, ce qui m'intéresse chez Nietzsche c'est ce qu'il dit du nihilisme.

---

11 David Graeber, *L'Anarchie – Pour ainsi dire : conversations avec Mehdi Belhaj Kacem, Nika Dubrovsky et Assia Turquier-Zauberman*, Zurich/Paris/Berlin, Diaphanes, coll. « Anarchies », 2021.

MBK : Alors, quel est ton critère de distinction entre le Mal et le nihilisme ?

BS : Le Mal, c'est l'entropie. Pour moi, le Mal c'est l'entropie, le nihilisme ce n'est pas du tout nécessairement de l'entropie ; tu as du nihilisme néguentropique. Par exemple, le mec qui défend son petit clocher à la con, il défend sa néguentropie...

MBK : Mais il y a de l'entropie chez les animaux, et pourtant pas de Mal... si tu admets que les animaux sont inaccessibles au Mal, alors l'entropie n'est pas le Mal...

BS : Non, ici, le Mal c'est l'entropie chez l'être humain, bien entendu. Après on peut dire que le lion est un mal pour les antilopes, ce n'est pas faux (*rires*). Ça se conçoit. Ça serait faire un abus de langage au sens wittgensteinien, faire fonctionner un jeu de langage là où il ne peut pas fonctionner. Mais on va très très vite sur un sujet archi-compliqué. Et je pense que Nietzsche, par exemple, se trompe sur la genèse du nihilisme, il l'attribue à Socrate, etc. Je ne suis pas du tout d'accord, je pense que Socrate est celui qui combat le nihilisme potentiel de Platon.

Par contre, ce que je pense, c'est que Nietzsche déclenche quelque chose avec son histoire de nihilisme, alors cette fois au sens de Heidegger où histoire du nihilisme égale histoire de la métaphysique, mais qui conduit à quoi ? Non pas à ce que dit Nietzsche en tant que tel car pour Nietzsche c'est la culpabilité le problème, au départ. Le nihilisme, c'est d'abord la culpabilité, le monothéisme dont il croit que Socrate serait la préfiguration : il se trompe complètement. Je pense qu'il a raison sur la question de la culpabilité, mais je pense que ce qui, en dernier ressort, constitue la question du nihilisme, y compris chez Nietzsche, c'est le calcul. Ce n'est pas la culpabilité. La culpabilité est un *effet* du calcul. Et donc, en effet, là, ça m'intéresse beaucoup de lire ça et d'utiliser les concepts de nihilisme passif et de nihilisme actif. Parce qu'après c'est très intéressant ce qu'il dit sur le nihilisme actif.

MBK : Je suis tellement anti-nihiliste que j'endosse sur moi un certain nihilisme. Quand j'assume ce que je disais sur le désœuvrement, etc., que ne rien faire c'est éviter de faire le Mal, pour

Nietzsche c'est une position nihiliste par excellence, c'est celle du dernier homme. Si, pour neutraliser le Mal, nous devons devenir tous des derniers hommes, vive le nihilisme.

BS : Neutraliser le Mal, ça, on ne peut pas. C'est ça le tragique.

MBK : Je le dis par hypothèse, pour dire ce qui ne va pas avec le concept de nihilisme. Mais, par ailleurs, je suis d'accord sur l'impossibilité de neutraliser le Mal, c'est ma seule question éthique, autour de la *katharsis*...

BS : Le pire Mal c'est de croire qu'on peut le neutraliser, parce qu'à ce moment-là on fait le pire, c'est le nazisme, c'est le stalinisme, c'est l'inquisition...

MBK : C'est ça la question de la *katharsis*. À ce que tu dis, je recherche seulement des solutions esthétiques, *donc* politiques, c'est ce que j'ai oublié de dire tout à l'heure quand je parlais du jeu, c'était de dire : c'est esthétique, *donc* politique, voilà. Et ce n'est pas neutraliser le Mal, c'est le...

BS : Me suspendre.

MBK : Oui. J'inventerais un autre néologisme : le « katharsiser ».

BS : Le « katharsiser », le neutraliser au sens husserlien, c'est-à-dire la neutralisation de la thèse du monde.

MBK : Sublimation, comme tu dirais. Sublimation au sens strict, pas au sens idéaliste, mais alchimique, c'est ce que dit Lacan. En ce moment je ne baise pas, je vous parle, mais je peux avoir exactement la même satisfaction que si je baisais. En ce moment, je ne vous tue pas, je vous parle, mais je peux avoir exactement la même satisfaction que si je vous tuais. Pour moi, le jeu c'est ça. Mais c'est pour ça que je me passe de l'hypothèse du nihilisme : à partir du moment où on pose la question en ces termes on n'en a plus besoin. Enfin, c'est très compliqué, il faut entrer dans plein de détails, bien sûr... si j'arrête de vous embêter et fais un effort pour rester dans la problématique du nihilisme, je dirais que moi je cherche un dépassement du nihilisme dans la *katharsis* esthétique. Mais, c'est pour ça que ton point de vue m'intéresse : « quelle est ta définition du nihilisme ? » est une question beaucoup plus intéressante que de me demander, à moi, pourquoi je n'en ai pas besoin. Après tout, pas mal de philosophes se passent du concept de nihilisme, ce n'est pas un passage obligatoire de la pensée. Ça m'a pris des années pour m'en débarrasser, je ne me suis pas réveillé un matin en me disant que, bof, je n'ai plus besoin du nihilisme. Mais, pour moi, c'est un concept métastatique, qui ne fait rien avancer, surtout pas chez Nietzsche et Heidegger eux-mêmes, c'est un concept-impasse, un concept-limite. Nietzsche, qui essaie tellement d'évacuer les mauvais affects, le ressentiment, etc., je trouve que chez lui, le nihilisme, dans son traitement, est un concept qui crée énormément de mauvaise conscience, c'est-à-dire que la mauvaise conscience revient par la fenêtre nietzschéenne là où il l'avait évacué par la porte. Alors que le Mal, c'est autre chose. Il y a une évidence, une nudité du Mal. Si, dans mon livre, je parle de l'expérience de Pitesti, qui était une prison roumaine de 1949 à 1952 où il s'est passé les choses les plus atroces qu'on n'ait jamais pu imaginer, alors je vais pleurer. Le concept de nihilisme ne me fait pas pleurer. Ce n'est pas le nihilisme qui va rendre raison de ce qui s'y est passé. Le concept de nihilisme est au fond très intellectualiste, au plus mauvais sens du terme, voilà.

Donc, à la limite, le mieux c'est de t'écouter, toi Bernard, sur ce point, parce que j'ai lu Nietzsche et Heidegger jusqu'à plus soif. Et je réagirai.

La philosophie face au nihilisme

Nietzsche et le nihilisme

MC : À travers notre parcours autour de la question de la crise, nous avons vu qu'il ne suffit pas de réfléchir notre époque pour la diagnostiquer et espérer se donner les moyens de l'affronter, parce que notre réflexion est elle-même déterminée par l'époque. Par conséquent, il faut interroger l'historicité de la réflexion ; l'exigence de l'immanence l'implique. C'est la leçon du dernier Husserl. Il faut interroger ce qui, pour nous, aujourd'hui, arrive à la possibilité même de la réflexion. Or, c'est peut-être dans cette perspective que nous pouvons interroger la fonction du concept de nihilisme chez Nietzsche. Décrire non seulement ce qui arrive à l'homme mais aussi à la manière dont l'homme pense et réfléchit, c'est-à-dire fait de la philosophie aujourd'hui. Ainsi, je pose cette hypothèse comme lieu possible d'un échange, puisque nous avons compris que, sur ce point, il y avait un désaccord entre vous. Je vous propose cette stratégie pour que la discussion puisse avoir lieu, en ajoutant la précision suivante : si nous suivons l'idée selon laquelle, pour Nietzsche, le nihilisme est quelque chose d'inéluctable, alors, l'époque que ce concept désigne doit être traversée. Or, dans ce cas, la question préalable semble devoir être : quel est ce moment historique singulier appelé nihilisme ? Selon le désir exprimé par Mehdi, je m'adresse à toi, Bernard, avec cette question : serais-tu d'accord avec l'idée selon laquelle le concept de nihilisme aurait pour fonction de décrire un moment historique, une époque qui serait la nôtre ? Et, par conséquent, que ce concept trouverait son utilité dans le fait que cette époque serait singulière.

BS : Ma réponse est oui, mais pas seulement ça. C'est beaucoup plus que ça. Le nihilisme, c'est la métaphysique en totalité, chez Nietzsche. Le premier personnage du nihilisme pour Nietzsche c'est Socrate, donc c'est le début de la philosophie. C'est Socrate comme annonciateur du péché, de la culpabilité, puisque l'enjeu du nihilisme c'est la culpabilité et sa toxicité. Mais, avant d'en dire plus, je voudrais préciser un point de méthode : moi, je soutiens tous les philosophes. Je suis pour, même Auguste Comte.

MBK : Mais c'est vachement bien, Auguste Comte !

BS : Même Auguste Comte. Alors que je suis anti-positiviste, je combats Auguste Comte, mais je le soutiens pourtant. Je ne peux pas le combattre si je ne le soutiens pas. Sinon je n'en parle pas, tout simplement, ça ne m'intéresse pas. Ce que je veux dire par là, c'est que, la question d'être nihiliste ou pas ne se pose même pas, c'est comme être critique ou ne pas être critique. Ou on a fait de la philo, on a compris ce qu'a dit Emmanuel Kant et on est forcément critique ; ou on est un petit historien qui essaie de monter une petite boutique de frites, pour se faire une petite place au soleil, et on n'a rien compris à la philo.

Mais ce que je veux dire par là, c'est que j'admire aussi de très grands personnages qui ne disent pas comme moi – sur ce plan-là, je veux dire. Par exemple, Deleuze sur Hegel. Mais les gens ne savent pas lire Deleuze, tout comme ils ne savent pas lire Nietzsche, parce que beaucoup de gens disent, y compris Deleuze, que l'ennemi de Nietzsche c'est Hegel. Pas du tout ! C'est un des plus grands inspirateurs de Nietzsche.

MBK : Il y a presque une identification, je dirais pour moi, de Nietzsche à Hegel. Quand Nietzsche dit « tous les noms de l'histoire c'est moi », il ne fait que répéter ce que Hegel a professé dans sa phénoménologie. Alors, ça c'est un rapport très intéressant de l'Université à son dehors, chez Nietzsche il y a avait un côté christologique très fort, et il ne fait que prendre sur lui et dire tout haut ce que Hegel disait entre les lignes de la *Phénoménologie de l'esprit.* Qu'est-ce que Hegel dit, dans la *Phénoménologie,* sinon ceci, que tous les noms de l'histoire, c'est lui.

Donc je suis d'accord sur cette proximité, et c'est vrai que Nietzsche quand tu lis les textes eux-mêmes, il n'y a pas, comme l'a fait croire Deleuze, d'attaque de Hegel toutes les dix lignes. Il y en a ici ou là, mais comme, en somme, il attaque tout le monde...

BS : Il attaque tout le monde y compris lui-même en permanence et c'est ça l'épreuve du nihilisme. Et quand je dis nihilisme : chez moi, nihiliste ça ne veut pas dire le mec négatif.

MBK : Autre rapport de Nietzsche à Hegel : du temps où je n'avais pas renoncé au concept de nihilisme, j'ai montré que le nihilisme chez Nietzsche c'était le négatif sans tout, sans totalité. Nihilisme c'est la négativité hégélienne une fois que tu lui as enlevé l'horizon de la totalité. Donc, de la résorption possible, de l'endosomatisation possible, définitive, de cette négativité en positivité.

BS : Pour moi, le nihilisme, c'est la pharmacologie : ce qui est engendré, à un certain stade de la pharmacologie, en l'occurrence la pharmacologie de la grammatisation, et en particulier du *pharmakon* disons livresque, que ce soit celui qui s'exprime dans l'enjeu du *Phèdre* pour Socrate et Platon, que cela soit le livre de la Bible. Je ne dis pas que Nietzsche dit ça, parce que Nietzsche ne dit pas du tout les choses comme ça, mais, moi, j'interprète la question du nihilisme comme ça. Autrement dit, le nihilisme c'est une aventure que j'appelle organologique, et qui produit le tout et le contraire du tout, tout et son contraire, c'est-à-dire le pire et le meilleur. C'est dans cette matrice-là qu'il faut comprendre…

Alors, j'ai quand même regardé Deleuze hier, après la discussion qu'on a eue. Bien sûr qu'il n'y a pas de chapitre sur le nihilisme, mais il ne parle que du nihilisme, Deleuze. Qu'il appelle ça actif ou réactif, qu'il appelle ça ressentiment ou qu'il appelle ça nihilisme en tant que tel, ou qu'il parle de Zarathoustra, il ne parle que de nihilisme.

MBK : Il me semble que Deleuze parle *du* nihiliste, plutôt que de *nihilisme.*

BS : Oui mais c'est pareil. C'est un processus d'individuation, le nihilisme, et de désindividuation. Alors, à quoi ça conduit ? D'après Nietzsche ça commence par la culpabilité et je pense que c'est vrai. Pourquoi ? Plus précisément, ce n'est pas la culpabilité, c'est l'oubli du tragique. Ce que condamne, ce que combat Nietzsche plutôt, c'est le ressentiment, c'est ça son problème. Et le nihiliste, c'est d'abord l'expression du ressentiment. Il y a une histoire du nihilisme, parce qu'on ne peut pas parler *du* nihilisme comme ça. Ce n'est pas notre époque, le nihilisme, notre époque c'est le nihilisme devenu capitalisme. C'est une transformation que Nietzsche voit et qu'il n'a pas extrêmement pensée en tant que telle. Même s'il en parle, vraiment. Donc, à partir de là, la question pour moi c'est :

qu'est-ce qui provoque cette tension disons, actif/réactif ? Pourquoi est-ce que c'est le nihilisme qui peut rendre actif *et* réactif ? C'est ça qui m'intéresse. Il n'y a pas des gentils et des méchants, c'est un processus. Un processus où il y a des tensions qui s'opèrent, voilà, et il faut faire avec ça. Nietzsche pose qu'on n'échappe pas aux deux, on ne peut pas être le bon nihiliste actif contre les mauvais nihilistes réactifs, ce n'est pas du tout comme ça. Et Deleuze le dit extrêmement bien, en plus : ça passe par la question de la bêtise, chez Deleuze, et chez Nietzsche aussi.

MBK : On parlait de Houellebecq hors micro, et là on a un bel exemple de nihiliste passif, qui en fait est totalement actif.

BS : Moi je ne le trouve pas actif du tout !

MBK : Ben si. Puisque tu réagis. Il est passif, mais actif à travers sa passivité. Ça rejoint ce que tu viens de dire : il n'y a pas simplement les « bons » nihilistes actifs, et les « mauvais » nihilistes passifs. Formellement, Houellebecq, il a totalement assumé son point de vue en étant farouchement anti-nietzschéen, et essayant de réhabiliter Schopenhauer contre son disciple renégat, mais il assume totalement la position du dernier homme. C'est ça Houellebecq : cet anti-nietzschéisme totalement assumé, totalement acté, donc un bel exemple de nihilisme totalement passif qui devient actif par là. C'est l'homme du ressentiment par excellence...

BS : Oui, mais pour moi il ne devient pas actif, justement. C'est là où on n'est pas d'accord. Parce que le nihiliste actif n'est *pas* dans le ressentiment. Il a quelque chose de saint, le nihiliste actif. C'est celui qui à un moment transcende absolument les calculs, etc.

Ce que je veux dire, c'est que, pour moi, le nihilisme, c'est une dimension de la métaphysique, et c'est une dimension de la métaphysique que Heidegger ne comprend pas. Comme tu le rappelais hier, Heidegger dit que Nietzsche, c'est le nihilisme, et je pense que c'est vrai. Mais je pense aussi que Heidegger ne sait pas ce qu'il dit quand il dit ça. Je pense qu'il ne voit pas complètement les enjeux de ce qu'il dit. C'est pour ça que j'ai écrit *Qu'appelle-t-on panser ?* D'ailleurs, la question du nihilisme, c'est : comment interprète-t-on Zarathoustra ? Or, que ce soit celle de Heidegger ou que ce soit celle de Deleuze, celle de Klossowski, etc., je ne m'y retrouve pas dans ces lectures. Pour une raison précise, c'est que, moi, je ne suis pas nietzschéen. Ni chrétien, ni rien du tout.

MBK : Est-ce que tu es stieglerien, au sens où Marx essayait de ne pas être marxiste ? (*rires*).

BS : Eh bien, j'essaie de ne pas être stieglerien. Je dis souvent : les stiegleriens, c'est rien. J'essaie de ne pas l'être parce que je pense que c'est ce qui peut arriver de pire à n'importe qui d'être stieglerien, même quand il s'appelle Stiegler. Par contre, ce que j'essaie de faire, c'est de tenir le programme que je disais tout à l'heure. Par exemple je connais un deleuzien à la con, je n'ai même pas envie de donner son nom, vous le connaissez peut-être, je ne veux pas être inutilement méchant, qui descend Descartes, qui sort des bêtises... il est prof de philo, ce mec-là ! Des bêtises sur Descartes en disant que c'est chiant, etc. Mais il n'a rien compris à la philo ! On ne peut pas ne pas en passer par Descartes, c'est absolument impossible. Après, on peut préférer, bien entendu, Spinoza, mais ça, c'est un autre problème. Moi aussi je préfère largement Husserl ou Heidegger à Auguste Comte ou je ne sais quoi. Mais, c'est exactement comme si on disait : moi, Thalès très bien, mais pas Pythagore. C'est complètement débile.

Mais, je ne dis pas non plus que la philosophie c'est comme la science. Il y a des affects en philosophie, il n'y en a pas dans la science. Mais, en même temps, on ne peut pas dire qu'on choisit ce qu'il nous plaît, c'est pas un supermarché où on va prendre son truc. Pour moi, le nihilisme, c'est une donnée, c'est une donnée qu'il faut réarticuler différemment de Nietzsche et de Heidegger. Et cette réarticulation que j'essaie de faire, elle passe par l'entropie. Parce que je pense que la question du nihilisme apparaît au moment où Nietzsche est abattu, littéralement abattu par la question de l'entropie. En ce sens, je ne suis pas du tout d'accord avec Paolo D'Iorio et tout ce qu'il a raconté sur Nietzsche, mais par contre il a fait un travail d'érudition extraordinairement précis : il a analysé tous les bouquins de Nietzsche, toute sa bibliothèque, etc. et il a montré que Nietzsche lisait absolument tout sur la mort thermique de l'univers, et qu'il en était *malade*. Malade. Et moi, je suis convaincu que la doctrine de l'éternel retour, c'est une tentative de surmonter cette donnée. Or cette donnée-là, c'est la donnée du nihilisme. L'entropie c'est : tout fout le camp, tout est… voué à mourir. Et comment on fait avec ça ? Alors, Nietzsche pense que c'est Socrate et le christianisme, on peut discuter de tout ça. Moi je dis que ce n'est pas Socrate et le christianisme, c'est la grammatisation dont Socrate et le christianisme sont seulement des effets. Donc, c'est l'exosomatisation, qui est en train d'engendrer quoi ? Une conquête de la calculabilité, c'est-à-dire que le calcul est sans cesse plus puissant, qu'il va conduire à la médiocrité des moyennes, parce que le problème de Nietzsche, en fait, c'est de protéger les singularités contre les moyennes, c'est le seul problème de Nietzsche. Le reste, il n'en a rien à foutre.

C'est pour ça que je me suis appuyé sur l'article de Laurence Dahan-Gaida[12], qui analyse le roman de Musil, *L'Homme sans qualité*, parce que Musil c'est vachement intéressant. Musil, c'était un physicien, matheux, et nietzschéen, il a fait sa thèse sur Ernst Mach, un peu à la limite entre épistémologie et physique, et ensuite il a pensé les statistiques, etc., à partir de Nietzsche, et à partir d'un état des statistiques que Nietzsche ne connaissait pas lui-même. Ça c'est extrêmement intéressant parce que, quand on le lit, quand on lit l'histoire d'Ulrich, c'est la conquête du nihilisme par les nombres, c'est *La Gouvernance par les nombres* selon Alain Supiot, racontée au début du XXe siècle – comme ce que décrivait Nietzsche, c'est-à-dire le règne des moyennes. Il n'y a plus que des moyennes, et c'est ça l'horreur pour Nietzsche, c'est ce qu'il appelle un coup les esclaves, un autre coup le troupeau, un autre coup la démocratie, et personne n'a rien compris à ça. Enfin personne n'a rien compris, ce n'est pas tout à fait vrai… en tout cas ce que je crois, c'est que Deleuze ne l'a pas vu, ni Klossowski, ni Heidegger, d'autant que Heidegger a fait la même chose que Nietzsche : pour lui aussi c'est l'entropie l'enjeu. Quand Nietzsche dit « Dieu est mort », c'est une expression directe de cette réalité, c'est ce que dit Ulrich aussi. Et donc, pour moi, le nihilisme c'est une donnée de l'exosomatisation, voilà, avec laquelle soit on prend la position du rejet, et c'est le nihilisme passif et réactif, et à ce moment-là on *est* nihiliste en réalité, on croit qu'on rejette le nihilisme mais on est nihiliste à fond…

—

12 Laurence Dahan-Gaida, « Entropie, histoire, récit. L'exemple de Robert Musil » dans *Romantisme*, 1991/3, p. 109-123.

MBK : C'est de moi que tu parles (*rires*) ?

BS : Ah non, pas du tout. Je ne pense pas du tout ça de toi. Non, je parle des figures que décrit Nietzsche en général. Deleuze le voit extrêmement bien. Et donc, soit, deuxième possibilité, on n'est absolument pas dans le rejet du nihilisme. C'est comme l'histoire de l'être, c'est comme le Gestell, on ne peut pas le rejeter. Le Gestell c'est une expression du nihilisme, c'est l'accomplissement de la technique moderne, du nihilisme comme technique moderne, voilà. À ce moment-là, quelle est la question ? C'est qu'on doit devenir stoïciens, c'est-à-dire devenir la quasi-cause du processus. C'est ce que Heidegger appelle l'*Ereignis*, la dernière version de l'*Ereignis*. Et moi, j'essaie de relire tout ça en me disant : je ne suis pas nietzschéen, je ne suis pas heideggérien...

MBK : Mais c'est très deleuzien...

BS : Plus ou moins. Pas complètement. C'est assez proche de Deleuze, bien sûr.

Stratégies philosophiques divergentes

MC : Avant que tu ne répondes, Mehdi, et pour que tu puisses, maintenant, confronter ton travail sur le nihilisme à ce que vient de dire Bernard, rappelons que cette question traverse quasiment toute ton œuvre : d'abord avec la thématisation du « nihilisme démocratique », puis dans une de tes œuvres majeures qui s'intitule L'Esprit du nihilisme[13]*, et enfin dans la radicalisation de ton questionnement sur le Mal qui transforme le concept de nihilisme...*

MBK : Voilà, il y a des transformations incessantes qui font qu'aujourd'hui je n'ai plus besoin de ce concept. Bernard a tout dit, avec

---

13 Les cinq tomes de *L'Esprit du nihilisme* : t. 1. *Ironie et vérité* (Caen, Nous, 2009) ; t. 2. *Manifeste antiscolastique* (Caen, Nous, 2007) ; t. 3. *Ontologique de l'Histoire* (Paris, Fayard, 2009) ; t. 4. *Être et Sexuation* (Paris, Stock, coll. « L'autre pensée », 2013) ; t. 5. *Le Sinthome politique* (3e partie d'*Après Badiou*, Paris, Grasset, coll. « Figures », 2011).

une grande rigueur, et pourtant je n'arrive pas à être convaincu de la nécessité de ce concept. Là, un abîme nous sépare, même si tu dis bien que Nietzsche était super-conscient de l'entropie, ce que nous avons longtemps ignoré, et donc que ça explique énormément de choses qui relativisent beaucoup de ce que je peux dire à ce sujet... Par rapport à tout ce que tu dis, je me contente d'une remarque : on voit comme le retour actuel à l'ontologie, donc à la métaphysique, s'accompagne d'une assomption explicite de la position nihiliste. Le nihilisme est revendiqué en même temps que l'ambition métaphysique chez Brassier, chez Garcia... et ce n'est pas fortuit.

Mais précisément, j'ai l'impression de développer une méditation sur la question de l'être qui rend inutile à mes yeux la question du nihilisme. Si le nihilisme c'est la métaphysique, si c'est l'histoire de l'être telle que l'interroge Heidegger, je trouve que Heidegger ne va pas assez loin dans cette question de l'être, parce qu'il s'arrête, une fois de plus, à l'origine grecque. Alors que les Hommes de Cro-magnons ou les Sumériens, c'est largement aussi intéressant. L'entropie est une telle évidence que j'ai envie de dire : c'est la néguentropie qui est l'événement-miracle dont il s'agit de répondre, pas tellement la « néantologie », le nihilisme où s'achève tout être aujourd'hui. Prenons le « néantologue » en chef, Brassier[14] : il a besoin du cognitivisme pour dire que la pensée n'est qu'une configuration matérielle parmi d'autres, donc on s'en fout, donc on subsume la pensée comme étant un objet ontologique parmi d'autres. Alors là, si je dis subsomption, je suis tout près d'avoir à nouveau recours au concept de nihilisme puisque c'est nihiliste, de façon explicite et assumée. Prêtons au riche Brassier, puisqu'il assume cette position nihiliste. Dans ce cas, je dis, oui, il y a un nihilisme car le nihilisme, c'est justement la subsomption métaphysique. Le réflexe subsompteur. Si on identifie le nihilisme à l'histoire de la métaphysique, alors on l'identifie au réflexe subsompteur. Et là, dans le cas de Brassier, c'est un peu en abyme, puisqu'on va subsumer la vie, on va subsumer la conscience, sous le concept de la matière. Et la matière au néant... Là, il va avoir recours à Nietzsche en disant que la vie n'est qu'une espèce de la mort, et une espèce très rare. Mais ça,

---

14 Cf. Ray Brassier, *Le Néant déchaîné. Lumières et extinction*, Paris, PUF, coll. « MétaphysiqueS », 2017.

c'est faux, c'est un sophisme. Parce que la mort n'est qu'un corrélat de la vie. La disparition, l'absence, l'inertie matérielle, ce n'est pas la mort. Identifier l'inertie matérielle cosmique à la mort, comme le fait Brassier, c'est un geste éminemment métaphysique. On dit qu'on a dépassé la métaphysique au nom du nihilisme… Brassier est un penseur très intéressant là-dessus parce qu'il produit beaucoup d'énoncés singuliers, dont la philosophie contemporaine a besoin pour bien problématiser les choses. C'est un « vrai », et c'est pour ça qu'au meme titre que d autres, il constitue un de mes ennemis préférés. Il a des thèses extrêmement solides, il a un fond spéculatif extrêmement développé, et pour y voir clair dans cette question du nihilisme, il est vraiment passionnant à lire.

Donc, contre Brassier, j'ai envie de dire : non, ce n'est pas vrai, la vie est réellement une exception à la matière, la conscience est réellement un miracle apparu à l'intérieur de la vie, un miracle non seulement diachronique, mais synchronique. On ne comprend pas, il n'y a pas d'explication au fait que, comme dirait Lyotard, on continue à enchaîner sur des phrases, qu'on continue d'une seconde à l'autre tout simplement à parler. Il y a là un miracle statistique objectif, et un trésor spéculatif qui me prémunit à point nommé de tout nihilisme : c'est mon extase néguentropique à moi, ma conception miraculiste de l'être-là. Moi, j'ai eu des tentations suicidaires, pour Nietzsche ça ferait de moi un nihiliste, mais pas du tout, j'affirme la vie, comme dirait Bataille, jusqu'à la mort. Schopenhauer, déjà, a très bien montré en quoi le suicide résultait d'un excès de vouloir-vivre et non d'un déficit.

J'ai envie de dire : une lecture darwinienne des choses remplace avantageusement pour moi toute la lecture que fait Heidegger de l'histoire de l'être dans la métaphysique. Si le fin mot de l'histoire, c'est que l'être humain est une impasse évolutionniste d'un genre spécial, comme le dit Pierre-Henri Castel, eh bien, que faire contre ? Je trouve que c'est une explication du nihilisme plus convaincante que tout ce que Heidegger épluche au titre de l'histoire de l'être dans la métaphysique.

BS : L'histoire de l'être chez Heidegger, ce n'est pas simple…

MBK : Ce n'est pas simple, mais cette non-simplicité même, je m'en méfie. J'ai fait ironiquement, tout à l'heure, allusion à ma « vision du monde », comme dirait Heidegger. Parce que c'est encore une manière de subsumer. Toute réflexion sur l'être qui n'est pas la réflexion de Heidegger est une « vision du monde » et c'est pour ça que, ironiquement, j'ai dit « ma vision du monde ». Tu le dis très bien à propos de Derrida, il y a une liquéfaction de la différence à force de différance, c'est le grand risque de Derrida. Il est sûr qu'un jour des gens feront avec la rétention tertiaire ce que les « petits derridiens » font avec la différance, ce que les heideggériens font avec à point nommé avec le nihilisme et la métaphysique, c'est-à-dire tout subsumer. C'est ça qui a fini par m'insupporter dans l'analytique historiale de Heidegger : au nom de la lutte contre la subsomption, on invente une nouvelle subsomption, et « métaphysique » et « nihilisme » sont chez lui non plus des déterminants précis de telle configuration de pensée, mais une subsomption terminale qui dit le fin mot de tout. Ça m'arrivera sans doute à moi aussi, avec le concept de pléonectique, tôt ou tard. J'essaie de déjouer ça autant que possible dans mon travail mais forcément, un jour, ça m'arrivera. Quelqu'un que j'admire beaucoup, un grand grand lecteur de Heidegger, Reiner Schürmann, ça lui arrivera à lui aussi une fois qu'il sera lu. Et donc, si je faisais allusion ironiquement à ce syntagme heideggérien des visions du monde, c'est parce que c'est aussi une de ses opérations de subsomption, à savoir : tout philosophe qui n'est pas Martin Heidegger a une vision du monde. Moi, Heidegger, j'ai une lecture de l'être tellement plus profonde que tout ça, que, de toute façon, tous les autres philosophes sont disqualifiés, parce que chacun a une vision du monde. Eh bien moi, je suis contre ça. J'assume le côté « vision du monde » que le concept de pléonectique essaie de résumer, et c'est une explication du concept de nihilisme qui rend celui-ci pour ainsi dire caduc. Même si, longtemps, j'en ai eu besoin.

Mais, quelqu'un pourrait dire qu'il y a là une belle illustration de ce que signifie la rétention tertiaire, c'est-à-dire l'étrangeté de nos travaux par rapport à nous-mêmes. Quelqu'un lisant mes livres ne va pas penser la même chose que moi les écrivant, nos livres nous deviennent étrangers. Le type pourra dire que MBK, a un moment, dit quelque chose sur le concept de nihilisme, et il aura tout à fait raison, j'ai pensé pendant longtemps à l'intérieur du concept du nihilisme, jusqu'à trouver une « sortie » spéculative. Il y a une extra-néation radicale, et peut-être qu'en abyme c'est ça la question du nihilisme, sans aucun doute la question de la finitude, sans aucun doute la question même de la rétention tertiaire, et c'est pour ça que Kant est très très solide, plus que Nietzsche et Heidegger, sur cette question de Dieu. C'est-à-dire : Dieu comme postulat nécessaire de la raison. Et je ne crois pas en Dieu.

BS : Je crois que nos différences de point de vue tiennent à des questions de stratégie.

MBK : Oui, tout à fait.

BS : Qu'est-ce que j'appelle différence de stratégie ? Aujourd'hui, mon problème c'est de remobiliser des ressources, que ce soit Kant, Heidegger, Nietzsche, Derrida, Deleuze… dans un contexte de lutte, où ce qui est en jeu c'est une lutte véritablement vitale, c'est une lutte absolument hors-normes, totalement exceptionnelle, extraordinaire, face à une crise politique, économique, spirituelle, géologique, etc., qui est la possibilité, véritablement, de ce que j'appelle maintenant une apocalypse immanente, mais extraordinairement prégnante et… J'ai commencé à écouter les trucs de Jean Jouzel qui dit que ça va beaucoup plus vite encore que ce qu'il croyait, etc., bref, je ne vais pas entrer dans les détails de cette question-là. Par contre, je pense que dans cette situation d'extrême urgence, il est extrêmement important de déniaiser les lectures superficielles de Nietzsche, de Kant, de Heidegger, etc. Et, d'abord, d'aller casser les petites écoles. Moi, je combats les heideggériens parce que mes pires ennemis ce sont les heideggériens… Mais j'ai aussi pour ennemis les anti-heideggériens qui me traitent d'heideggérien complètement réac'. Ce que je combats, c'est ce que j'appelais tout à l'heure les petites boutiques de frites.

MBK : Les chapelles.

BS : Ce ne sont même pas des chapelles, ce sont vraiment des vendeurs de ketchup, voilà. Et ce que je crois, alors, c'est qu'on ne peut pas choisir entre les philosophes. Barbara[15], ma fille, montre très

---

15 Cf. Barbara Stiegler, *Nietzsche et la biologie*, Paris, PUF, coll. « Philosophies », 2001 ; *Nietzsche et la critique de la chair. Dionysos, Ariane, le Christ*, Paris, PUF, coll. « Épiméthée », 2005.

LE SENS DE L'HISTOIRE

très bien que Kant, pour Nietzsche, c'est le premier interlocuteur, elle dit qu'il dialogue en permanence avec Kant, même s'il le cite très peu.

MBK : Ça vient de Schopenhauer.

BS : Oui bien sûr. Mais c'est pour dire : c'est un tout, on ne peut pas y prendre ce qu'on y veut. C'est là. Après, on peut le vivre différemment, intensifier des aspects, en ignorer d'autres, bien entendu, mais voilà.

Je disais que ce qui nous distingue c'est une affaire de stratégie. Ce que je crois, moi, c'est qu'aujourd'hui il est très très important de mobiliser, par exemple, la communauté des étudiants de philosophie. Les gens à qui je m'adresse aujourd'hui c'est le mouvement *Youth for Climate*, ce sont eux qui m'intéressent, c'est-à-dire les jeunes dont, d'ailleurs, des représentants sont venus à un séminaire qu'on faisait à l'IRI : ils demandent de l'aide, il faut les aider, c'est fondamental. Il faut leur dire : n'allez pas choisir entre deleuziens, klossowskiens, etc., mais reprenez Nietzsche, Deleuze, Klossowski, tout ça, ce sont des gens sérieux, mais par contre regardez-les par rapport à aujourd'hui, dans la situation actuelle, et voyez combien Nietzsche est le mec qui annonce ça. C'est pour ça que j'ai parlé de ce texte, dont ma fille a aussi parlé, *Le Voyageur et son ombre* : Nietzsche *annonce* tout ce qu'on est en train de vivre, là. Avec une clairvoyance absolue, qui le rend fou, d'ailleurs. À partir de là, ce qui m'importe, c'est de faire des instruments.

Alors, pourquoi j'insiste sur la question du nihilisme ? Eh bien, d'abord, c'est parce que tu me poses la question, ensuite parce qu'il y a un rapport au capitalisme qui est fondamental dans cette affaire. L'anthropocène, c'est quand même le capitalocène, mais si on lit Jason Moore[16] (je viens d'écrire un chapitre sur lui[17]), il y a quand même une quantité de naïvetés là-dedans, et une inculture philosophique absolument incroyable.

---

16 Jason W. Moore (dir.), *Anthropocene or Capitalocene? Nature, History, and the Crisis of Capitalism*, Oakland, PM Press, 2016.
17 Voir le chapitre 4 « L'âge du Capitalocène comme accélération de l'exosomatisation » de Bernard Stiegler, *Qu'appelle-t-on panser ?*, t. 2. *La Leçon de Greta Thunberg*, Paris, Les liens qui libèrent, 2020.

MBK : Une question intéressante tout de même, c'est celle du lien qui unit mathématisation et nihilisme. C'est là où tu es heideggérien et qu'en même temps tu ne l'es pas. J'aimerais que tu t'exprimes là-dessus, pour bien marquer les identités et les différences.

BS : Tout à fait. Je pense comme Heidegger que le nihilisme s'exprime à travers le calcul, ça je le lui dois, mais, du coup, je ne pense pas comme ce dernier qu'il faille condamner le calcul, pas du tout. Non, il faut apprendre à calculer autrement, ce qui n'est pas du tout la même chose. Moi, je ne rejette pas le calcul, je ne rejette pas l'intelligence artificielle, je ne rejette rien du tout, d'ailleurs.

MBK : Un petit point de désaccord que j'ai, c'est quand tu dis il n'y a pas d'affect dans la science. Là je suis plus nietzschéen que le calife, je pense qu'il y a de l'affect en science. Je pense que c'est refoulé par la science elle-même. Je comprends tout à fait ce que tu dis mais, là, c'est le travail proprement philosophique. Lacan disait des petites choses dans ce sens. Lacan sur la science, il est quand même très très pointu, avec en particulier le sujet de la science, qui est la question que la science elle-même ne peut pas poser. Et, c'est vrai que dans mon travail, j'interroge, en termes quasi-psychanalytiques, la jouissance du scientifique. Ça c'est très intéressant. Les extases des mathématiciens telles qu'ils les décrivent eux-mêmes, pour moi, ça a une portée ontologique dont les sciences elles-mêmes ne peuvent pas parler, mais dont on peut faire un usage philosophique extrêmement profond. Ça dit quelque chose sur le calcul lui-même : il y a une jouissance du calcul.

BS : Bien sûr. Je suis d'accord avec ce que tu viens de dire. Mais je ne dis pas exactement qu'il n'y a pas d'affect en science, je dis qu'en science, on ne choisit pas. Si on fait des maths, on prend tout. En philo on peut se permettre, non pas d'écarter, mais on peut se permettre de ne pas activer, de ne pas intensifier, comme dirait Deleuze. Tandis qu'en maths… Si on prend Lobatchevski on prend forcément avec tout ce qui précède, parce que c'est du pas à pas, voilà. Après, je ne dis pas qu'il n'y a pas d'affect, et moi j'essaye de développer une pensée où la raison soit réhabilitée, parce que je pense qu'on confond raison et rationalisme et que ce n'est pas du tout la même chose, car la raison c'est avant tout le désir, c'est avant tout de l'affect. Maintenant, cet affect, il va se désaffecter pour pouvoir s'affecter, si je puis dire, pour pouvoir s'auto-affecter ; dans certaines démarches scientifiques, il doit se désaffecter totalement pour pouvoir s'affecter. Chez l'artiste, c'est le contraire. L'artiste va s'affecter à mort pour pouvoir se désaffecter.

MBK : Absolument. On pense à Baudelaire en t'entendant.

BS : Voilà. Donc, pour moi, il y a de l'affect partout, à ce niveau-là je suis tout à fait spinozien, ou spinoziste. On ne peut rien comprendre à ce qu'est la raison, et tout ça, indépendamment de l'affect. Par contre, il y a des agencements affectifs, qui sont très très différents. Si on compare, par exemple, un médecin, un juge, un scientifique, un philosophe, un artiste, et un sportif, c'est incroyable la différence des rapports à l'affect, mais à chaque fois, il y a de l'affect. Et c'est passionnant de regarder ces différences.

Le sens du tragique

MC : Effectuons maintenant un pas au-delà de la seule question du nihilisme. Il y a une expression que tu as utilisée, Bernard, et qui me semble importante pour notre conversation, disant que le nihilisme ce serait « l'oubli du tragique ». Je crois que cela correspond à une idée partagée par vous deux. Cette idée a une conséquence directe sur la manière dont vous lisez les auteurs de philosophie, dans la mesure où comprendre un philosophe consisterait à voir ce qui chez lui est tragique, c'est-à-dire la nécessité qu'il y a eu, pour lui, à accomplir son œuvre et, en même, temps, à échouer à l'accomplir. De ce point de vue, serais-tu d'accord de dire, Mehdi, que la question du sens du tragique est consubstantielle à l'exercice de la philosophie ?

MBK : C'est une question très importante. Une fois qu'on s'est solidement installé dans le tragique, ce qui est mon cas, on n'a plus besoin du nihilisme. Après tout, Nietzsche n'était pas loin de dire la même chose : l'homme tragique est immunisé contre le nihilisme. C'est peut-être ça aussi… je pense à une discussion que j'avais avec Badiou, on parlait de la tragédie, il me disait qu'il n'en avait pas besoin, mais lui voit le nihilisme partout, voilà, il y a une symétrie inverse. Si vous voyez le tragique partout, point n'est besoin du nihilisme ; si vous voyez le nihilisme partout, point n'est besoin du tragique. Il me disait, pensant sans doute à Lacoue-Labarthe : ceux qui sont obsédés par le tragique y restent jusqu'à la fin de leurs jours... et juste après, on discutait comme si de rien n'était de la Révolution culturelle. Voilà, tout est dit. La forclusion absolue de la tragédie mène à ne pas voir les atrocités qui sont effectivement là, la Révolution culturelle n'est interrogée qu'en termes idéogrammatiques, j'ai presque envie de dire algorithmiques. Et la forclusion de la tragédie se solde par une inflation du concept de nihilisme : Badiou va trouver tout et tout le monde nihiliste, à part deux ou trois trucs...

BS : Badiou n'a rien compris au nihilisme, mais alors strictement rien. Il a un usage « Marie Claire » du nihilisme.

MBK : Oui, mais du coup c'est intéressant concernant ce qu'est que le platonisme. Puisqu'en me disant que ceux qui se soucient trop de la tragédie y restent, il affirmait qu'il faut refaire le geste platonicien, forclore la tragédie, ce qui débouche sur une inflation de la vision du monde « Marie Claire » comme étant composée uniquement de vilains nihilistes. Ça a tout à voir avec une économie, et très déterminée, une économie autre que celles que nous avons évoquées jusqu'ici, et qui amène à interroger la raison de cette inflation. Tout ce qui n'est pas communiste, en gros, est nihiliste, on pourrait résumer la chose comme ça. Tout ce qui, en musique, n'est pas Wagner et Boulez est nihiliste, etc. Il essaie de dire du bien du jazz dans son livre *Le Siècle*, mais pour lui le jazz n'existe pas historiquement, au vu du tribunal des vérités éternelles. Comment est-ce que cette inflation de la vision du monde nihiliste, dans le cas de Badiou, va avec une forclusion de la situation tragique ? Et, du coup, ça aboutit à l'hypostase de la Révolution culturelle... Moi, je lui disais qu'une amie chinoise avait un père, fervent communiste des débuts, et avant sa mort il lui a dit, de la Révolution culturelle, que pour lui, c'était pire qu'Auschwitz. Badiou a haussé les épaules. Voilà pour l'économie. Forclusion de la tragédie ; vision du monde comme nihiliste ; abstraction ; calcul ; ça t'éclaire en tout cas sur la raison pour laquelle je me suis méfié du syntagme « nihilisme » ...

BS : Mais, là, je pense que Badiou n'a pas de concept du nihilisme. Ce n'est pas du tout ça, le nihilisme. Ça, c'est le nihilisme des chroniqueurs de journaux...

MBK : Oui, mais c'est intéressant aussi la conception que se font les éditorialistes du concept du nihilisme. Je suis très hégélien làdessus : un concept, c'est ce qu'il devient, y compris dans sa vulgarisation.

BS : Oui, mais cette conception empêche la compréhension du processus qu'est le nihilisme. Elle est dangereuse cette conception. Bon, pour beaucoup de gens, les nihilistes ce sont ceux qui posaient des bombes à la fin du XIXe siècle, il y a beaucoup de gens qui croient ça. Mais c'est complètement débile. Ou, alors, le nihiliste c'est le suicidaire. Nietzsche ne parle pas du tout de ça. Après, que le suicide ait un rapport au nihilisme, bien entendu, mais ça c'est autre chose. Mais voilà, c'est pour ça que je suis vigilant sur cette question du nihilisme. Après, je comprends tout à fait qu'on s'en passe. Moi, je ne peux pas m'en passer. Par contre, dans la question du tragique, dans mon parcours c'est absolument définitoire. La question est : qu'est-ce qu'on appelle le tragique ? et ma définition n'est pas celle de Lacoue, que j'aime beaucoup, c'était un ami et... et je lui dois des choses. Mais ce que j'entends par le tragique, ce n'est pas la tragédie. Ce n'est pas non plus *La Naissance de la tragédie* au sens de Nietzsche.

MBK : La tragédie, c'est ce qui donne forme au tragique. Le tragique, c'est la situation tragique, la tragédie, c'est la forme esthétique, la *katharsis* de cette situation. Toi tu parles de la situation tragique.

BS : Moi ce dont je parle, c'est d'abord de la Grèce archaïque. La Grèce archaïque est tragique.

MBK : C'est ce qu'ont très bien compris Hölderlin et Nietzsche. C'est leur découverte.

BS : Exactement. C'est d'ailleurs pour ça que Heidegger est tellement impressionné par ces deux mecs. Hölderlin le dit extrêmement bien : qu'est-ce que le tragique ? C'est le *pharmakon*. « Là où est le danger, là est aussi ce qui sauve », ça c'est l'énoncé tragique par excellence. Ça ne se dit pas du tout comme ça, sur ce ton du pathos XIXᵉ siècle. Ça ne se dit d'ailleurs pas, tout court ; ça se vit.

MBK : C'est une phrase sobre.

BS : Tout à fait, une phrase clinique. Pour moi, le mec le plus lumineux là dessus, totalement désaffecté, c'est Jean-Pierre Vernant. Enfin, quand je dis désaffecté, en réalité il était plein d'affect Vernant, mais il a essayé de reconstituer ce qu'était la Grèce archaïque, c'est-à-dire avant Platon, avec une rigueur d'helléniste, ou plus précisément, grâce à son travail de psychologie sociale comme l'appelait Meyerson. Et c'est absolument sublime, ce qu'il fait, absolument sublime. C'est très méconnu, même par les philosophes…

MBK : Reiner Schürmann lisait beaucoup Vernant.

BS : Ça c'est très bien. Qu'est-ce qu'il a établi Vernant ? Eh bien, d'abord, il a établi que la société grecque, la Cité grecque d'avant le platonisme, c'est une Cité qui est tragique au sens où elle est située entre les dieux et les bêtes, que c'est une situation intenable, en fait, qu'on a toujours tendance à s'identifier à Orphée et se ruer dans le dionysiaque, et qu'on ne peut jamais trancher ça. Ou alors si, on peut, mais on devient une secte, comme il dit, et cette secte sort du politique et, du coup, elle n'est plus pertinente, elle n'est plus tragique. Elle est la limite, le bord du tragique.

Ensuite, le tragique, qu'est-ce que c'est, dans cette affaire ? C'est le fait que, le Dieu, c'est Prométhée, c'est ce que dit très bien Vernant. Le Dieu des Grecs ce n'est pas Zeus, Zeus, c'est le Dieu de l'Olympe. Le Dieu des mortels c'est Prométhée. Pourquoi ? D'où vient-il Prométhée ? Qui est-il ? Il est celui qui a trahi son frère, Zeus, en le combattant par une ruse qui conduit au vol du feu, c'est-à-dire à la condition technique de l'humanité. Et cette condition technique de l'humanité, c'est ce que montre Vernant de manière brillantissime, est liée à la religion grecque – qui d'ailleurs n'est pas une religion, lui dit que c'est une religion mais pas moi, c'est plutôt ce que j'appelle une *piété…*

MBK : Une économie politique, peut-être ?

BS : Tout à fait. Voilà. C'est une économie politique *et* libidinale. Pour moi c'est une piété, c'est-à-dire le fait de devoir respecter des limites : le profane, le sacré.

MBK : Un régime de transgression/législation, comme je dis à la suite de Schürmann.

BS : Oui, tout à fait. Je dois savoir ce qui est sacré et ce qui ne l'est pas, c'est fondamental dans cette piété : bien faire la différence. Et là, ce que je ne dois jamais oublier, dit Vernant, c'est que je viens de Prométhée. Je suis, non pas une créature, mais je suis un résultat du conflit entre les Titans et les Olympiens, comme le formule Vernant, et donc je ne dois absolument pas l'oublier parce que jamais je n'échapperai à la prothèse, jamais je n'échapperai au *pharmakon*. C'est pour ça que les maux, le Mal, sort de la boîte de Pandore. Mais qui est Pandore ? C'est la femme d'Épiméthée : elle a été apportée à Épiméthée pour l'humaniser, en faire un dieu identificatoire, comme Prométhée. En faire des êtres humains, qui viennent toujours trop tard, après coup – j'apprends uniquement par mes conneries... C'est la figure de Gribouille chez Lacan –, mais qui produit aussi une sagesse. Jean Hyppolite, qui est quelqu'un de très important pour moi, pour les raisons que j'ai dites, il a appelé une collection, aux PUF, « Épiméthée ». Lui avait compris. Donc, le tragique il est là, pour moi. Après, cela veut dire qu'il y a une histoire du tragique, et il y a une histoire tragique de ce qui n'est plus le tragique. C'est en ce sens que j'essaie de faire une histoire tragique du nihilisme ; mais ce n'est pas tragique, le nihilisme.

MBK : Est-ce que tu mettrais Auschwitz dans cette histoire ?

BS : Auschwitz, j'évite d'en parler, parce que je n'ai pas fait le travail qui m'y autoriserait. Quand je fréquentais beaucoup Derrida, Lyotard, Lacoue et tout ça, Auschwitz était partout. Arendt, Adorno, Paul Celan, etc., on ne me parlait que de ça, et du coup je n'ai pas travaillé... Je pense qu'il faut être armé.

MBK : Bien sûr.

BS : Je m'en suis protégé, parlons clairement. Il y avait des moments où… je ne vais pas donner de noms, ce sont des gens très connus, mais certains se servaient de la parole d'Adorno sur Auschwitz pour arrêter de penser. C'était quand même quelque chose de terrifiant pour moi. Donc, je ne sais pas quoi te répondre là-dessus. Par ailleurs, Lacoue dont on parlait tout à l'heure c'était le… alors là, ce n'était pas la tragédie ou… il était broyé. Broyé. Dans le film qu'on a fait avec Dan Ross[18], quand Lacoue parle, c'est pathétique, quand même. Et c'est Auschwitz qui est là. Ça a été… je ne parle pas de Lacoue mais de l'héritage, par toutes sortes de gens dont Lyotard… Pas Derrida. Derrida a été extrêmement intelligent sur ces questions, extrêmement pudique, aussi, donc il faisait super gaffe, voilà. En plus, tous ces gens-là le détestaient, je ne vais pas donner de noms, là encore. À l'époque où je fréquentais beaucoup Derrida, il faisait un séminaire sur Celan, il y avait donc énormément de gens qui étaient pris dans cette question d'Auschwitz. Et ils le détestaient, Derrida. Ils le craignaient parce qu'il était super fort, mais ils le détestaient. Moi j'ai été… Je ne sais pas comment dire.

MBK : Tu as évité. Mais c'est parce que tu parlais du tragique à propos de ce qui n'est plus le tragique, c'est pour ça que je te posais la question.

BS : Oui, bien sûr. À Auschwitz, si on doit en dire un mot quand même, c'est le nihilisme absolu. Mais c'est pas du tout le tragique.

MBK : C'est au nom d'une interprétation du nihilisme, puisque nihiliste, dans le vocabulaire nazi, c'est quand même synonyme de juif.

BS : Ah je sais bien, mais ça c'est tout le problème du nihilisme : il est toujours transformé en quelque chose qui est exactement ce que le nihilisme dénonce.

MBK : Je ne te le fais pas dire.

---

18 David Barison et Daniel Ross (réal.), *The Ister*, 2004.

BS : C'est pour ça que c'est très difficile de parler du nihilisme, c'est vraiment presque impossible. Ce que je crois, en tout cas c'est ce que j'essaie de faire, c'est qu'il faut absolument faire une genèse du concept même de nihilisme. Chez Nietzsche et chez tous ceux qui l'ont suivi.

MBK : Chez Jacobi ?

BS : Chez Jacobi, bien sûr.

MC : Cette question du tragique dans ton travail à toi, Mehdi, est évidemment liée à l'importance que tu prêtes à la question du Mal. Est-ce que tu peux préciser en quoi ton investissement du concept du Mal est la manière que tu trouves pour ne pas oublier l'origine tragique ?

MBK : Ce n'est pas tellement la question du Mal que la question... évidemment que le tragique expose le Mal et que ça a partie liée, c'est évident. Mais ce n'est pas tant le Mal que ce que j'appelle, à la suite de Schürmann, le régime législatif-transgressif, c'est-à-dire ce qui singularise l'être humain. On en parlait lors de notre intervention à Sciences Po[19], c'est typique du confusionnisme pseudo-cognitiviste, ou pseudo-darwinien, qui consiste à dire qu'il y a de l'imitation chez les animaux. Oui, mais les animaux, les caméléons, etc., ils imitent *physiquement* les choses. Ce qui singularise l'animal humain, c'est qu'il imite les *lois* des choses, ça c'est vraiment l'aventure humaine en tant que telle et, si l'on y tient, l'histoire du nihilisme en tant que tel. Je rends à César ce que j'ai essayé de lui voler (*rire*)...

MC : Imiter au sens, par exemple, de formuler une loi scientifique...

MBK : C'est ce que j'appelle dans mon travail, s'approprier le néant, s'approprier ce qui n'est pas la chose mais la pure loi de la chose. Et la loi, ça ne se présente pas, c'est un pur néant. C'est ce que la tradition métaphysique, très pertinemment, a appelé l'intelligible.

---

19   Une première rencontre a eu lieu à Paris, le 30 janvier 2018, lors d'une soirée organisée par Science Po intitulée « (Sur)vivre dans la disruption ».

C'est ce moment qui est crucial pour la genèse du tragique car, alors, il y a tout un régime de lois, qui ne sont pas préexistantes dans l'être et dans la nature, qui sont les lois que nous allons poser pour vivre ensemble. C'est ça la situation tragique. Ce que tu appelais, Bernard, le jeu du sacré et du profane. C'est un jeu de lois qui ne se présentent ni dans la nature ni dans l'être, ce sont des lois que « présente », avec beaucoup de guillemets, l'être humain lui même. Tu ne peux pas *montrer* une loi, qu'elle soit scientifique ou conventionnelle. Un hippopotame va baiser sa mère, mais il ne transgresse rien du tout en faisant ça. Moi, si je baise ma mère, je vais transgresser un des interdits fondamentaux de la civilisation.

Donc, pour répondre à ta question : la situation tragique, évidemment qu'elle a partie liée au Mal, mais elle a surtout partie liée à cette question des lois surnuméraires, qu'on surimpose aux lois scientifiques appropriées à l'être et à la nature, du fait même de cette appropriation. Alors, pour le coup, c'est la faute à Prométhée, à Épithémée. Littéralement.

La mélancolie et la transgression, au prisme de l'entropie

MC : Je propose un dernier approfondissement. Car je crois qu'il reste encore un concept qui peut participer à votre réflexion partagée concernant la manière dont la philosophie permet de supporter la condition tragique. Nous venons de comprendre que l'enjeu, ici, consiste à réussir à passer à l'activité alors même que la situation est tragiquement passive, ce que le vers de Hölderlin dit sublimement. Or, si le thème de ce vers est le tragique, peut-être s'agit-il tout autant de celui de la mélancolie. En effet, d'Aristote à Freud et même plus loin, ces deux thèmes semblent liés, et cette relation pourrait se résumer ainsi : la situation tragique est ce que le mélancolique vit au plus près, dans la mesure où elle consiste en ce qu'Artaud appelait l'impouvoir, cette passivité absolue du fond de laquelle une puissance apparaît.

MBK : Chez Hölderlin, c'est tragico-*chrétien*. Il y a identification car la question du tragique chez Hölderlin, c'est *uniquement* celle de la transgression. Je n'aurais pas trouvé mon concept original d'événement sans les lectures magistrales et géniales que fait Lacoue-

Labarthe de Hölderlin. La seule question du tragique chez Hölder-lin, c'est la question de la faute et la faute tragique, c'est celle d'une identification au Dieu. C'est pareil que dans la *Genèse*, structurel-lement, c'est du tragique lu par quelqu'un qui avait aussi bien une solide formation luthérienne, piétiste : l'homme est pécheur. C'est la transgression d'une loi qui ne se présente pas. C'est pourquoi il dit qu'il ne reste que l'espace et le temps. Une fois que tu as commis la faute tragique, il ne reste plus rien. C'est la condition humaine en tant que telle.

MC : Il ne reste plus rien mais, alors, il devient possible de faire quelque chose.

MBK : Hölderlin est devenu fou au moment où il pensait le tragique, avec la plus grande vivacité. Sa réflexion est extrêmement kantienne, et il voyait ses copains Schelling et Hegel... Une de mes hypothèses, qui n'a rien d'épistémologiquement ou d'exégétiquement fondé, qui est purement intuitive, c'est qu'il a vu Schelling et Hegel retrans-gresser les interdits posés par Kant et ce serait une des nombreuses raisons qui l'ont rendu fou. Mais il n'arrive plus à rien faire, ou alors c'est le poète désœuvré par excellence. Il écrit sur des saisons, c'est un pur sujet passif... En plus, on a perdu, malheureusement, pleins de manuscrits où il y avait peut-être autre chose, dans l'incen-die du menuisier Zimmer, donc on ne saura pas. Hölderlin devient fou parce qu'il s'identifie à Œdipe, parce qu'il s'identifie au Christ. Nietzsche fera la même chose, soixante-dix ans plus tard. C'est tou-jours la seule et unique question de la transgression. Et je ne parle même pas de ce que j'en fais dans mon travail, je réponds juste à ta question qui donne la genèse de mon travail, c'est le B.A.-BA, là.

BS : La transgression est en jeu, je suis d'accord. C'est ce que je racontais sur Prométhée et Zeus : Prométhée transgresse. Par contre, la question, pour moi, de la transgression, n'est pas qu'il s'agirait d'une faute, mais d'un défaut, ce qui n'est pas tout à fait la même chose.

MBK : Pour moi, la transgression est un défaut qui explique toutes les fautes. La faute vient après. Au départ, il y a la pure identifica-tion au Dieu, c'est-à-dire à la loi ; c'est un pur fait, le surgissement de ce que j'appelle la virtuosité technologique avec l'Homme de Cro-Magnon, qui n'est pas encore une faute, mais qui ensuite le devient dans la chaîne de ses effets. C'est ça l'histoire du Mal. C'est à la lumière de cette transgression première, que j'ai parfois appelée archi-transgression, qu'après on reconnaît ce qu'on appelle une faute. C'est la transgression qui éclaire la morale et pas le contraire. Après tout, tu dis quand même : la faute d'Épiméthée.

BS : Oui, mais la faute d'Épiméthée ce n'est pas la faute des mortels. Chez les mortels, il n'y a pas de faute, ils ont des défauts. La faute d'Épiméthée c'est l'oubli, il oublie quelque chose. Les mortels, ce sont les oubliés, et ça c'est la faute d'Épiméthée, ce n'est pas la mienne ! C'est la faute d'un Dieu. Et c'est ça le tragique. Chez les tragiques – et là je ne parle pas de Hölderlin mais de Nietzsche – il n'y a pas de faute. Il y a une faute, mais elle ne vient pas des mortels, les mortels ce sont des victimes, en fait. Toujours. Ils sont les victimes du destin. Après, il y en a qui sont dignes et d'autres qui ne le sont pas. Alors, quelle est la dignité d'Œdipe, par exemple, ou quelle est la dignité d'Antigone ? Ça, ce sont des questions tragiques. Il n'y a pas de faute d'Œdipe. Il y a une transgression, mais ce n'est pas une faute. C'est un défaut de savoir : il ne sait pas qu'il est en train de tuer son père, il ne sait pas qu'il est en train de coucher avec sa mère, etc. Par contre, après, comment va-t-il être digne de ce destin ? C'est là que les Stoïciens deviennent super intéressants.

MBK : Et c'est pour ça qu'*Œdipe à Colone* est aussi intéressant à lire qu'*Œdipe tyran*. Hölderlin a eu raison de rappeler que c'était « tyran » et non « roi ». Or, d'être tyran, tout de même, il en est responsable.

BS : Bien sûr. Il a perdu la mesure. Le sujet d'*Œdipe tyran*, c'est l'*hubris*. Et c'est le problème de tous les tyrans : les tyrans qui ont commis un crime, ils sont voués à en commettre de plus en plus. Le crime, ils peuvent l'avoir commis sans le savoir. C'est pour ça que cette phrase de Nietzsche est super importante : « quand un Grec commettait un crime, les autres se disaient : quel dieu s'est emparé de lui ? ». Il n'y avait pas de faute ! C'était un destin, voilà. Je reviens sur les Stoïciens, parce que, je ne connais pas les Stoïciens, je ne suis pas du tout un spécialiste, mais par contre je m'intéresse énormément à la résurgence de la question tragique à travers les Stoïciens. Pourquoi ? C'est pour essayer de répondre à ta question, Michaël, puisque tu dis : au fond du trou, il y a la mélancolie – effectivement, nous sommes des mélancoliques, bon, on ne peut pas ne pas être mélancolique si on n'est pas tragique, voilà. Pourquoi ? Eh bien c'est écrit dans le tout dernier chapitre de *La Faute d'Épiméthée* sur le foie de Prométhée. Moi, j'ai un foie cirrhosé, j'ai des problèmes de foie terrifiants, je sais ce que c'est le foie de Prométhée. Ce n'est pas le foie de la culpabilité, c'est le foie de l'anticipation de la mort, bien entendu. De l'anticipation, non seulement de ma mort, mais de celle de mes enfants, des autres, de l'Univers... de l'entropie. Donc, l'expérience de la mélancolie, c'est une expérience de l'entropie par défaut. C'est-à-dire qu'on ne la connaît pas, cette théorie l'entropie et tout ça, par contre on *sent* que tout fout le camp, et que tout fout le camp à jamais. Sans rémission possible. C'est ça le tragique : il n'y a pas de salut. On ne sauvera rien. Le tragique des tragiques, c'est Blanchot quand il dit que rien ne sera sauvé. Ce n'est pas possible. *Dans l'absolu.*

Mais l'important ce n'est pas l'absolu, c'est la relation : qu'est-ce que je fais maintenant ? Par exemple, si je dis que, peut-être qu'au XXIIe siècle il n'y aura plus d'êtres humains. Eh bien, il faut tout de même continuer à vivre ! Il faut être digne de ce qui nous arrive. Et c'est là qu'alors, vraiment, aujourd'hui, la question se pose à nous : qu'est-ce que ça veut dire « être digne de ce qui nous arrive » ? Si je fais référence aux Stoïciens, c'est aussi par rapport à Foucault, parce que, ce qui m'intéresse chez Foucault c'est le dernier Foucault et sa référence à Sénèque, voilà. C'est le Foucault qui, à un moment donné, se penche sur l'histoire de l'Empire qui approchait de la fin. On dit qu'ils se retirent tous mais non, ce n'est pas vrai, ils ne se retirent pas tous, et ce n'est pas ce que dit Foucault. Simplement, il y a une scène publique qui pue, ce n'est plus du tout l'*agora* athénienne, on n'a plus tellement envie d'y aller. Par ailleurs, il y a plein de choses dont ne parle pas Foucault mais sur lesquelles j'ai travaillées, en particulier l'*otium* romain. Qui sont ces légionnaires à qui on a donné des *haciendas*, etc., et qui inventent l'*otium* ? Ils inventent une culture après avoir commis des crimes en pagaille, par laquelle ils essayaient de se *soigner*. C'est le problème du soin. Sur ce problème du soin Foucault est génial – de son propre aveu il doit beaucoup à Pierre Hadot qui a posé ça le premier, même si je pense que Foucault est beaucoup plus intéressant que Pierre Hadot. Par exemple, Lucilius. Dans son commentaire de *La Lettre à Lucilius* de Senèque[20], Foucault reprend le problème de l'écriture mais dans un registre tout à fait différent : il faut écrire, il faut lire, il ne faut pas *trop* écrire, il ne faut pas *trop* lire. Voilà. Et quelle est la question qui se pose là ? Celle de la technique de soi. Ce que Foucault se proposait de faire, c'était de dire qu'il faut partir des techniques de soi pour comprendre comment elles produisent des techniques des autres, c'est-à-dire de gouvernement de soi et des autres, pour essayer de repenser la gouvernementalité sur des bases nouvelles.

Je pense qu'aujourd'hui nous sommes absolument confrontés à ça. C'est d'ailleurs pour ça que je m'intéresse beaucoup à ce que tu me dis, Michaël, quand tu parles du travail de ta compagne, Carole, de la pharmacie, etc., parce qu'aujourd'hui on est vraiment dans la réinvention de la question du soin. Alors, beaucoup de gens croient que soigner c'est guérir. Pas du tout ! Soigner c'est s'occuper de ceux qui sont incurables. Ils sont incurables, eh bien on les soigne quand même, on va quand même s'occuper d'eux, etc. Et on est tous incurables, c'est là où Canguilhem est vachement important. Car, pour Canguilhem, la santé ce n'est *que* la capacité à être malade, voilà, et il le dit en toutes lettres. Celui qui est capable d'être malade, c'est celui qui est capable d'être en bonne santé. La santé ce n'est pas du tout celui qui ne tombe jamais malade.

MBK : C'est nietzschéen. Ça vient de Nietzsche.

BS : Mais bien entendu. Canguilhem c'est avant tout un interprète de Nietzsche. Donc, aujourd'hui cette question du tragique c'est comme ça qu'elle se pose et ce que j'essaie de faire en ce moment, c'est un peu délirant bien sûr, je l'admets, mais j'essaie de réinterpréter tout ça avec cette thèse selon laquelle et Nietzsche et Heidegger et Derrida ont rejeté l'entropie. J'inclus Derrida, parce qu'il a parlé de l'entropie dans le bouquin que je suis en train de lire en ce moment – qui n'était pas un bouquin, plutôt un dossier que

---

20 Cf. Michel Foucault, « L'écriture de soi », dans *Dits et écrits, II. 1976-1988*, Paris, Gallimard, coll. « Quarto », p. 1234-1249.

Derrida m'avait donné et qui vient d'être publié[21]. Pour Derrida, l'entropie c'est la théorie de l'information. Il ne comprend pas ! Ce n'est pas ça du tout, l'entropie ! Mais pourquoi la voit-il comme théorie de l'information ? Parce qu'il voit ça chez François Jacob, qui lui comprend la question de l'ADN et de la biogénétique à partir de la théorie de l'information. Mais ce n'est pas ça puisque la théorie de l'entropie, c'est la thermodynamique. Ce qui est en jeu pour Nietzsche c'est la thermodynamique comme fin inéluctable de l'univers. Alors, je pense que c'est extrêmement important pour nous de voir que tous ces grands penseurs, ont refoulé ça. Sauf Bergson et Deleuze, sachant que, si Deleuze ne l'a pas refoulé, c'est grâce à Bergson. Mais, ils ont échoué. Car Bergson a anticipé Schrödinger ; il est génial, véritablement génial de ce côté-là. Il faut voir ce que disent Monod ou Jacob sur Bergson, c'est incroyable, ridicule, ils n'ont rien compris, c'est des mecs qui ne savent pas lire, ils ont un mépris pour les philosophes… Bergson est absolument génial sur ce sujet. Par contre, Deleuze a essayé de le reprendre et il s'est planté sur ce sujet. Il n'a pas réussi parce qu'il a fait une confusion entre entropie, désordre, chaos, et ça a conduit à une espèce de soupe.

Moi, je pense qu'il faut reprendre tout ça avec la question du stoïcisme, et de la quasi-causalité puisque ma réponse à ta question, Michaël, c'est la quasi-cause, voilà. Or, penser la quasi-cause, cela implique d'articuler les Tragiques et les Stoïciens, qui ne sont pas à proprement parler des Tragiques – ce sont des Stoïciens – mais qui réactivent la question du tragique et c'est là que Foucault est très intéressant car il le montre à travers la pratique de l'artifice, de l'artefact, donc du *pharmakon*. Je pense que s'il n'y avait pas eu la grande guerre entre Foucault et Derrida – parce que s'il y avait un mec que Derrida haïssait, c'était Foucault, et réciproquement, c'étaient vraiment deux mecs qui se haïssaient, ce qui est extrêmement dommage – on aurait eu des choses de Foucault très différentes, et très riches. Il évite de parler de l'écriture au sens où en parle Derrida, il évite le thème du *pharmakon* parce que Derrida l'a préempté, etc. et inversement, Derrida évite tous les trucs de Foucault, ce qui est absolument dommage.

---

21 Jacques Derrida, *La Vie la Mort. Séminaire (1975-1976)*, Paris, Le Seuil, coll. « Bibliothèque Derrida », 2019.

MBK : Il évite la transgression, par exemple. C'est une absence criante chez Derrida. C'est ce que lui reprochera Schürmann, d'ailleurs, qui est un heideggérien qui lit beaucoup plus Foucault que Derrida ne le lisait. Il y a un différend avec Derrida, sur qui aura le mieux lu Heidegger. Chez Schürmann qui était, vraiment, un immense lecteur de Heidegger, il y a une jalousie contre Derrida qui ne s'est jamais éteinte. Mais, ça me vient comme on en parle, par hasard quand tu lis Foucault avec Heidegger, la question de la transgression est omniprésente, alors que Derrida a soigneusement évité ces questions – évidemment il en parle ici ou là…

BS : En déconstruisant Bataille, c'est-à-dire en en faisant… de la déconstruction.

QUATRIÈME PARTIE

Pratiquer la philosophie

La production des concepts

L'envie de communauté et l'utilité sociale du concept

MC : L'idée directrice de notre conversation vise à montrer en quoi votre rapport à la philosophie est singulier. Une dimension importante de ce rapport singulier réside dans la liberté dont vous jouissez dans votre pratique de la philosophie. Liberté qui, je crois – c'est le point que je souhaiterais que nous abordions maintenant – se manifeste dans vos textes par une certaine production conceptuelle, qui m'a souvent semblé devoir être comprise à partir de ce dont Derrida créditait Deleuze : une innocence. Liberté, innocence, mais aussi inventivité, du fait de la profusion de nouveaux concepts qui peuplent vos textes, et également en raison de l'importance que vous accordez à la question de la technique et de l'écriture. Alors, ceci étant posé, une manière d'entrer dans ce dernier moment serait de comprendre pourquoi, pour vous, le fait de produire des concepts fait partie intégrante de l'exercice de la philosophie. Comme si la production de concepts en tant que telle était la manifestation de ce que peut faire la philosophie, et que cette puissance-là de la philosophie était aussi une manière d'affronter la crise. Autrement dit, et je voudrais m'adresser d'abord à toi, Mehdi, la question serait la suivante : quel espoir peut-on mettre en cette puissance consistant à produire des concepts ? Sachant que, pour le rappeler, dans ton parcours tu as, à un moment donné, même si ça a été plus ou moins progressif, décidé de passer de la littérature à la conceptualisation. Comme si cette puissance du concept ne se trouvait pas dans cette autre forme d'écriture qu'est la littérature, et que c'était ce manque qu'il fallait pouvoir combler.

MBK : Je me suis déjà expliqué là-dessus. L'envie de théorie – pas même de philosophie, mais de théorie – est venue avec l'envie de *communauté.* J'avais vingt-trois ans, je venais de publier un livre qui s'appelait *L'Antéforme*[22], que j'avais écrit dans la plus extrême solitude et pour lequel j'avais perdu quinze kilos, j'étais proche de la folie. Je me suis dit, à ce moment-là : tu ne vas pas devenir à vingt-trois ans un écrivain misanthrope reclus dans sa caverne. En tant que lecteur de Debord, d'Artaud, de Bataille, de Blanchot, de Baudrillard, je me suis dit que, par la théorie, le concept en ce sens, il y avait un moyen de faire de l'écriture un travail collectif. Le thème de la communauté, très présent chez Bataille et Blanchot, mais aussi chez Debord sur son mode, me servait en quelque sorte de prétexte pour aller vers les autres. Donc voilà, aussi décevante que paraisse la réponse : je suis allé vers le concept pour aller vers les autres, pour que l'écriture me permette d'être en commun avec d'autres. Ça a donné le collectif et la revue *Evidenz*, et mes premiers textes théoriques en effet, que je ne considère pas encore comme philosophiques : *Esthétique du Chaos* et *Society*[23]. C'est ça au fond le « spectre de l'avant-garde » dont on parlait : faire les choses ensemble, à plusieurs, rompre la solitude de l'écrivain. Bataille est celui qui a pensé avec le plus de rigueur le fait que les avant-gardes n'avaient pas pour enjeu principal les buts explicites qu'elles se proposaient, mais la communauté des avant-gardistes comme telle. Même si souvent – je pense aux situationnistes – le but explicite de l'avant-garde est justement une communauté de type nouveau. Telle est la genèse de mon devenir-philosophe. L'ironie un peu cinglante de tout cela, c'est que je ne suis pas moins seul aujourd'hui que je ne l'étais avant de me lancer… la philosophie m'a reconduit à une forme très grande de solitude.

Maintenant, pour répondre au second aspect de ta question, ma réponse est confondante de simplicité : les concepts sont venus tout seuls. Je n'ai pas cherché les concepts, ce sont les concepts qui m'ont trouvé. C'est pour ça que dans ma préface au *Système du pléonectique* je cite cette phrase de Luther : « C'est la parole qui a tout fait. J'ai laissé faire la parole. ». Après, la question que tu

---

22 Mehdi Belhaj Kacem, *L'Antéforme*, Paris, Tristram, 1997.
23 Mehdi Belhaj Kacem, *Society. Jeu investigatif et aventurier sur la communauté désavouable*, Paris, Tristram, 2001.

poses met un peu en abyme une grande partie de ce qu'on a dit, c'est vraiment la question de la législation et de la transgression. Pour transgresser, pour être libre, il faut des lois. Donc, j'entretiens un rapport avec l'institution philosophique très différent de celui de Bernard, et ce sera à son tour évidemment de s'expliquer après moi, mais j'ai eu besoin d'un Maître. C'est Badiou qui a joué ce rôle-là, dont je ne renie rien de ce qu'il m'a apporté : c'est avec lui que je suis passé de la simple velléité théorique, à la Artaud ou Bataille, à la philosophie. La déconstruction, par exemple, s'apparente plus à une post-philosophie qu'à une philosophie, et je m'inscrivais à mon époque théorique dans le projet déconstructeur, parce qu'il était compatible avec mon envie de faire de la « simple » théorie et pas de la philosophie. Il y avait la vulgate hégélienne : la philosophie s'est achevée avec Hegel, après lui, il n'y a que des spectres de philosophie(s). Badiou, avec sa philosophie mathématisée, a tout changé : la philosophie est encore possible. Encore aujourd'hui, je pense que par rapport à tout ce qui se publie, Badiou est ce qui se rapproche le plus d'une architectonique philosophique classique, passionnante à discuter dans ses détails, même si négativement comme je le fais.

C'est ce qui illustre en abyme ce qu'on vient de dire. Pour transgresser de l'intérieur une philosophie mathématisée, systématique, aussi bien charpentée que celle de Badiou, il faut régler son horloge de très bonne heure. Il y a un besoin imprescriptible de règles qui ne sont pas données, comme ça, inscrites dans l'être et dans la nature, pour pouvoir créer du concept librement, en transgressant ces règles. C'est peut-être un jeu entre nihilisme passif et nihilisme actif, je serais d'abord un nihiliste passif, une sorte d'éponge, qui finit par agir. Peut-être. Je dis ça un petit peu par coquetterie provocatrice. Pour endosser le rôle du nihiliste volontairement et mettre un peu de poil à gratter dans la discussion.

Pourquoi créer des concepts ? C'est vrai qu'à la fin, c'est une pratique extrêmement deleuzienne du concept qui s'ensuit, une manière innocente et décomplexée de faire de la philosophie, jusqu'à la plénitude systématique à laquelle je suis parvenu aujourd'hui. Une pratique qui, en effet, n'est pas concernée par la mort de la philosophie. La proximité avec Deleuze est évidente, mais là encore le rôle de Badiou est crucial. Du reste, qu'on appelle ça philosophie ou cacahuète, ça m'importe assez peu. Si on définit avec Deleuze la philosophie comme la production de concepts, alors je fais de la philosophie, point. Et la philosophie en général se porte très bien, quel que soit le contenu dont on l'investit, fût-ce la mort de la philosophie. Si la mort de la philosophie, par exemple, a pour nom Lacoue-Labarthe, eh bien, il faut voir le nombre de concepts qu'il a créés *uniquement* en lisant les autres (car la critique, c'est ça aussi, lire *activement* les autres), simplement en ouvrant les yeux sur Hölderlin, en ouvrant les yeux évidemment sur les grands classiques, Kant, Hegel et Heidegger, mais surtout sur des gens que les philosophes lisaient moins, c'est-à-dire les poètes. Et il y a des concepts chez Hölderlin au plus haut point bien sûr, mais aussi chez Baudelaire, chez Mallarmé, chez Artaud, chez Paul Celan. Lacoue a créé des concepts uniquement en lisant les autres.

Moi, voilà, j'ai l'impression que, encore une fois, c'est la question du désœuvrement. Je culpabilise beaucoup, à mes heures perdues, de mon désœuvrement, je me dis, en termes très marxistes que je ne suis pas un producteur direct, que je suis donc un parasite social. Mais, quand je me relis, je me dis que non, ça va, j'ai payé ma dette à la société, comme on dit quand on a fait de la prison (*sourire*). Je sais que tôt ou tard mes concepts passeront dans l'usage commun et auront donc une utilité sociale, politique, évidente. On peut m'accuser d'infatuation, de mégalomanie, de ce qu'on veut, ça ne me fait ni chaud ni froid, je sais que ces concepts seront utiles pour déchiffrer ce qui nous arrive au quotidien. Ça, c'est aussi une définition de la philosophie, qui est très différente de celle qu'en donne Deleuze, mais pas incompatible et qui vient de Schürmann : « la philosophie doit clarifier un savoir que tous possèdent ». À quoi il ajoutait une autre définition, qui sépare deux races inconciliables de philosophes : soit faire voir l'autre du visible, et là c'est Platon, Descartes, ou aujourd'hui Badiou ; soit faire voir autrement le visible, et c'est Aristote, Kant, ou aujourd'hui Schürmann. Ou Bernard lui-même. Inutile de préciser à quelle « race » de philosophe je pense appartenir. La philosophie doit clarifier la banalité de l'expérience quotidienne. Badiou ne serait pas du tout d'accord avec cette définition. Moi, je suis intégralement d'accord avec.

Comme pour le nihilisme, la mort de la philosophie n'est pas tellement mon problème. Peut-être que tout ça, c'est autre chose que ce qu'a été la philosophie, et qu'il faut juste dire « penseurs ». Tant qu'il y a du concept, appeler ça philosophie ou aquarelle, ça m'est indifférent. L'important c'est de produire des concepts qui nous aident à… je ne sais plus si c'est toi, Michaël, ou Bernard qui disait ça : qui nous aident à supporter la situation tragique.

Tâtonner, assimiler, inventer

MC : Pour que tu puisses également investir le problème, Bernard, je voudrais préciser ma question en indiquant qu'en ce qui te concerne, nous pourrions dire que, si toi aussi tu revendiques une certaine productivité conceptuelle, celle-ci prend la forme à la fois d'une production livresque abondante et d'une auto-référentialité grâce à laquelle ton travail cherche à gagner progressivement en puissance. Ce point-là, qui est lié à la pratique du philosophe, et qui suppose donc, pour être pensé, de faire retour sur ce que l'on produit, je crois que, pour l'instant, tu ne t'en es pas beaucoup expliqué.

BS : Bon, moi, je suis… je tâtonne. Je suis dans le tâtonnement. Je l'avais d'ailleurs écrit dans le quatrième de couverture de *La faute d'Épiméthée* – je ne parlais pas de moi, d'ailleurs, je parlais d'Épiméthée lui-même, qui tâtonne. Je ne sais pas, en fait, comment tout ça se produit, je n'ai pas de plan là-dessus, mais après-coup en revanche, oui, je peux essayer de répondre à ta question. C'est une question que je ne me suis jamais vraiment posée. On me la pose, par contre, régulièrement, pas comme tu le fais là, mais beaucoup de gens me reprochent d'avoir un système, de recommencer à croire au système. Ça ne me fait ni chaud ni froid, ce sont des gens qui n'ont rien compris au travail philosophique.

MBK : Bien sûr qu'il y a un élément systématique dans ton travail. Où est le problème ?

BS : Ce sont des gens qui n'ont rien compris, d'une part, à ce qu'on reprochait aux grandes constructions philosophiques systématiques du passé, d'autre part, à ce qu'est devenu la problématique du système au XXe siècle.

MBK : Et que « système », d'un philosophe à l'autre, ça ne connote *jamais* la même chose.

BS : Bien entendu. Et ce n'est pas ce dont je parlais hier au sujet de ceux qui disent « mon système », au sens où je me moquais un peu des Bouvard et Pécuchet du concept.

Comment est-ce que je fabrique des concepts ? Parce que j'aime ça, il n'y a pas de doute, je prends vraiment mon pied quand je trouve un nouveau concept, alors qu'au départ ce n'était pas vraiment mon truc. Je vais prendre deux exemples : en fait, je produis des concepts en assimilant les concepts des autres. Hier je disais qu'avant de commencer à faire de la philo, j'avais lu Saussure. Avant même d'aller en prison. Pourquoi ? Je ne sais pas. C'était à l'époque de mon militantisme politique. Dans la *Nouvelle critique*, qui est une revue formidable de l'époque du Parti communiste français, j'avais entendu parler du structuralisme ; j'avais un copain, qui était Alain Bidot, qui est mort maintenant, il était à Sarcelles comme moi mais il avait une certaine culture, il avait fait les classes préparatoires, il avait été élève de Jean Marcenac qui était un poète et un militant communiste. Je ne vais pas raconter tout dans le détail mais c'est pour dire que tout ça m'avait amené à acheter, un jour, le *Cours de linguistique générale*, j'étais très jeune, et ça se lit très très bien. Autant lire Platon ou Kant c'est extrêmement difficile, autant le *Cours*, si on est un tout petit peu patient, c'est limpide. Tout de suite je m'étais dit qu'il y avait un problème entre le diachronique et le synchronique. C'est la difficulté du structuralisme : on ne peut pas parler à la fois diachroniquement et synchroniquement, donc le cœur du sujet, en fait, n'est pas là, il fait défaut. Ça, je l'avais senti en lisant le bouquin, mais ensuite quand je me suis vraiment mis à faire de la philo, un de mes premiers objets a consisté à m'approprier à fond la théorie de la synchronie et de la diachronie chez Ferdinand de Saussure et à partir de là, à essayer de construire quelque chose, qui a pris extrêmement longtemps d'ailleurs, puisque je n'ai commencé vraiment à articuler ce discours que lorsque, en passant par François Laruelle, j'ai lu Simondon. Simondon parlant de l'individuation psychique comme d'un processus quantique, car c'est la mécanique quantique qu'il y a derrière, en réalité, donc c'est le saut quantique, etc. Et d'autre part, il y a eu Husserl.

Je pourrais donner d'autres exemples, parce que j'en ai des centaines en fait. J'ai quand même essayé de lire à peu près tout, je n'ai pas pu, malheureusement, mais j'ai essayé. Car, bon, il y a des affects... je ne me suis jamais attelé à assimiler les concepts de Descartes parce que j'ai préféré assimiler les concepts de Kant, qui, lui, a assimilé les concepts de Descartes. À travers Kant j'assimilais les concepts de Descartes. Mais assimiler, c'est ce que dit Nietzsche d'ailleurs, c'est inventer. Je n'assimile que si je transforme, voilà. Sinon je n'assimile pas, j'individue au sens où je produis des nouvelles formes de vie et ce n'est pas du tout en le voulant, ce n'est pas du tout une décision que je prends, ça se produit comme ça. Et, ça, c'est l'invention. Ensuite, j'ai fait de l'invention un thème parce que, petit à petit, dès les années 1980, je crois, ça m'énervait le discours de la résistance, ça me gonflait ! Lyotard parlait de la résistance, même Deleuze a parlé de la résistance ! Quand il en a parlé, je me suis dit merde, c'est fini, parce que lui... J'admirais Deleuze parce qu'il ne parlait pas de la résistance, et tout à coup il se met à en parler. Pour moi, c'est une forme du nihilisme. C'était une soumission car si je résiste c'est que je suis soumis. Il ne faut pas résister, il faut inventer. Qu'il faille résister, bien entendu, Georges Canguilhem résistait, à cent cinquante kilomètres d'ici, dans le Massif central, avec des mitraillettes à la main, René Char résistait, mais ce n'est pas pour résister qu'ils résistaient. C'était pour inventer. C'était parce qu'ils voulaient créer une nouvelle société, etc.

MBK : Il y a aussi les philosophes mathématiciens, Lautman, Cavaillès...

BS : Bien entendu. Pourquoi est-ce que je parle de Saussure, de Husserl, et de la question de l'invention ? Parce que cela m'a directement conduit à l'organologie. Je passe de Saussure à l'écriture chez Derrida, de Derrida je passe à Platon, et ainsi de suite. Du coup, je rencontre la pharmacologie, le *pharmakon*, la technicité, l'artefactualité, donc le tragique. Comment forger des concepts qui soient des armes ? On a fait un séminaire au Collège international de la philosophie en 2005, non pas pour chercher mais pour *trouver* de nouvelles armes[24]. Comment trouver de nouvelles armes ? Eh bien

---

24 L'ensemble des séances du séminaire sont consultables à cette adresse : http://www.arsindustrialis.org/audio/by/album/s_minaire_trouver_de_nouvelles_armes.

ça passe par la technique telle que Pascal l'entendait. Pascal fabriquait des machines. Il y a une dimension entre Pascal et Leibniz et ensuite, surtout, Marx et Engels, qui va être une réhabilitation de la technique, qui va poser que, produire des concepts c'est, comme on dit en informatique, être capable de les implémenter. Et on doit les implémenter dans le social, mais pour cela il faut les implémenter dans des machines, parce que le social passe par des machines. C'est ce que ne parviennent à faire ni Deleuze, ni Derrida, ni Lyotard.

Donc ce que j'essaie de construire, moi, comme appareil conceptuel, c'est ce qui permet de faire ça. Pas du tout en disant je que dépasserai Deleuze, etc., il s'agit de continuer leur boulot, tout simplement. Ce qu'il faut dépasser, ce sont leurs conflits, qui sont des conflits d'épigones car ce n'étaient pas eux qui étaient en conflit, ce sont leurs épigones. Voilà, essayer de tirer ça et, oui, c'est de l'invention conceptuelle.

Le style en philosophie

MC : L'autre dimension de ce thème de la production des concepts, est qu'elle implique aussi un rapport à l'écriture. L'invention conceptuelle, bien sûr, c'est un travail intellectuel, mais c'est aussi, je crois, en particulier pour vous, une confrontation à la matière textuelle. En ce sens, Deleuze, Derrida (et beaucoup de leur génération), en tant qu'ils étaient matérialistes, ont compris que produire des concepts impliquait aussi d'interroger son propre rapport au texte, la résistance que le texte oppose à la conceptualisation, et donc aborder le problème du style en philosophie. Cette question-là – je m'adresse à toi, Mehdi – est importante dans ton travail, puisque tu as commencé comme écrivain et que ton passage à la philosophie n'a pas été...

MBK : ... de tout repos (rires).

MC : ... mais n'a pas impliqué non plus une interruption de ce questionnement, dans la mesure où tu as continué, non pas à écrire des romans, mais à t'intéresser à la littérature, et à écrire sur la littéra-

ture – *je pense par exemple à ton livre sur Artaud*[25]. *Donc ce rapport au texte, à l'écriture, et au style, est-ce que cela a conservé une place importante dans ta réflexion ?*

MBK : Bien sûr. Fondamentale. Avec des périodes… parfois je me suis laissé contaminer par l'écriture universitaire, et je ne le dis pas ici en mauvaise part car quand je dis « écriture universitaire » je pense ici à Hegel, Heidegger, Derrida, je ne pense pas du tout aux épigones, justement. Mais c'est vrai que, par exemple, la relecture de Schopenhauer, m'a fait réaliser, pour le *Système du pléonectique*, qu'il n'y avait pas d'excuse à ne pas se faire comprendre. Du coup, même s'il y a des néologismes, le premier desquels étant le pléonectique, j'essaie d'utiliser maintenant le moins de néologismes possibles, contrairement à Bernard. Je nage comme un poisson dans l'eau dans la textualité de Bernard, mais chez lui c'est un nouveau concept = un nouveau mot, en gros. C'est ce que disait Deleuze sur les « chiffres d'or » chez un philosophe, à savoir le nombre de concepts qu'il créé. Eh bien, chez Bernard, c'est facile à chiffrer parce que quasiment à chaque nouveau concept correspond un néologisme. Moi, au-delà du néologisme central de mon travail, le pléonectique donc, c'est vrai que j'essaie de trouver un langage de plus en plus formulaire ; il y a encore des commentaires de philosophie, il y a encore des citations mais, voilà, je tends de plus en plus vers ce style formulaire. Spinoza ou Wittgenstein sont l'idéal désormais. Dans l'idéal absolu je voudrais faire un livre qui soit purement un *Organon*. Par exemple, dans le *Système du pléonectique,* il n'y a pas le concept de singularité. Là, je viens d'écrire quelques pages sur le concept de singularité, et j'aimerais que ce ne soient que des définitions, comme ça, un peu à la Wittgenstein.

Du reste, c'est une comparaison que je me suis faite, qui vaut ce qu'elle vaut, avant de venir ici et en réfléchissant à nos œuvres respectives : une sorte de correspondance bi-univoque entre nos styles respectifs, où Bernard serait du côté de Heidegger et moi, de Wittgenstein. Entendons-nous bien : je n'écris pas comme Wittgenstein ni Bernard comme Heidegger, mais, par contre, je serais à

---

25 Mehdi Belhaj Kacem, *Artaud et la théorie du complot,* Paris, Tristram, coll. « Souple », 2015.

Bernard ce que Wittgenstein est à Heidegger. Bernard tient quand même de Derrida le fait qu'il faille écrire tout le temps ; j'ai presque été comme ça à un moment donné, mais je ne le suis plus, je peux rester des mois sans écrire une ligne. Mon écriture aurait pu évoluer dans ce sens ; d'autant qu'il y a des points communs entre nos écritures, notamment un certain lyrisme, un rythme très soutenu, un grand usage des italiques, etc. Mais c'est vrai que Bernard est allé à fond dans quelque chose d'assez herméneutique, alors que moi, à un moment, j'ai arrêté cette voie-là, et j'essaie de trouver un style assez... classique, tout simplement. Comme je l'ai dit, j'aimerais bien qu'on lise le *Système du pléonectique* comme si c'était le premier livre de philo qui vous tombait entre les mains. Alors c'est très mégalo, très prétentieux aussi, mais au-delà de ces accusations superficielles de mégalomanie et de prétention, c'est vraiment un souci stylistique. Je me pose effectivement autant de questions sur la forme dans laquelle je vais développer les concepts, que sur les concepts eux-mêmes. Parce que les concepts, à la limite, j'ai presque envie de dire par provocation que c'est ce qu'il y a de plus facile. Ce n'est pas vrai, c'est ce qu'il y a de plus difficile, c'est l'essentiel du boulot. Mais je ne sais pas, ils s'imposent à moi, je saurais à peine expliquer comment. Ils s'imposent comme chez un mathématicien, je pense : les propositions, les enchaînements, les déductions, s'imposent absolument d'eux-mêmes. C'est beaucoup de boulot, bien sûr, mais un boulot assez fluide. Alors que je me pose la question de la manière dont je vais présenter ça, stylistiquement, et là c'est un travail plus hésitant, plus compliqué. Je ne me pose pas la question pour les concepts, les concepts s'imposent à moi, vraiment quasi-mécaniquement. Voilà.

Donc, la question de l'écriture a été constante, mais elle s'est posée différemment selon les périodes. Je continue à me considérer comme un écrivain indépendant, c'est-à-dire que, une fois pour toutes, je ne suis pas professeur, je suis écrivain indépendant. Si on considère que le métier de philosophe se confond avec le métier de professeur, je veux bien assumer de ne pas être philosophe. Ça ne me gêne pas. Si on dit, à la Badiou, que je suis un antiphilosophe, par exemple. Mais ça, c'est une des innombrables forclusions de Badiou. Je l'avais beaucoup énervé en lui disant : mais vous vous rendez compte que tous ceux que vous appelez antiphilosophes, ce sont simplement les philosophes qui sont en dehors de l'Université. C'est Kierkegaard, c'est Nietzsche, c'est Bataille, etc. Ou Wittgenstein, mais Wittgenstein était vraiment un universitaire à contrecœur, quoi. Un universitaire qui détestait l'Université.

La question du style se posait différemment à l'époque d'*Esthétique du chaos*, qu'à l'époque de *L'Esprit du nihilisme*, avec cette enclave dans *L'Esprit du nihilisme* qu'est *Algèbre de la Tragédie*, il y a quelque chose de stylistique dans ce dernier texte dont je suis très fier, plus que pour tout le restant de *L'Esprit du nihilisme*, et dix ans après je m'en suis inspiré pour écrire le *Système du pléonectique*, en enlevant simplement ce qui était trop... inutilement technique, voilà.

Lire pour écrire et se soigner

MC : Chez toi, Bernard, peut-être que la question se pose autrement, en tout cas j'en ai l'impression, puisque ton parcours ne passe à aucun moment par une production littéraire qui ne soit pas conceptuelle. En revanche, dans tes ouvrages, à côté des développements conceptuels, et à côté des commentaires, tu intègres une part d'autobiographique, dont on a déjà parlé, mais aussi des faits d'actualité ou des analyses de considérations qui relèveraient du journalisme. Est-ce peut-être à des fins pédagogiques, en tout cas, c'est la question que je voudrais te poser comme question.

MBK : « Journalisme transcendantal », disait Foucault...

MC : Est-ce que la question du style, c'est-à-dire de la manière dont on expose la pensée, se joue à travers le commentaire de l'actualité ? Ou est-ce que cela se joue aussi dans la production conceptuelle elle-même ?

BS : Je ne sais pas très bien comment répondre à cette question-là. En fait, tout ça, philosophie, écriture, a beaucoup évolué chez moi. D'abord je lis, voilà. De toute façon, ce sont les seuls profs que j'ai, les livres, donc, je ne peux pas faire autrement. Et j'aime ça, lire, y compris de la littérature – je lisais beaucoup, beaucoup, de littérature autrefois. Je dirais que la question, avant de parler de l'écriture, c'est celle de la textualité : du rapport au texte. J'ai un rapport au texte, à la textualité, qui a beaucoup changé à travers le temps. Bien sûr, quand j'étais en prison, ce rapport était majeur puisque les livres étaient mes seuls interlocuteurs... Donc le texte, c'est vraiment mon interlocuteur, je fais une espèce de... comment appeler ça ? Appelons ça de la lecture, tout simplement. J'en ai un peu parlé dans un de mes derniers livres, où je mets en place des techniques de lecture. Au départ je me mets à écrire pour lire. Ça a été tout de même très important pour moi parce que, je ne vais pas expliquer ça en détail mais, à un moment, j'ai développé un programme avec la Bibliothèque Nationale de France qui était basé sur cette idée que lire, c'est écrire. Quand on lit en acte, je dis bien en acte, au sens de Wolfgang Iser, *L'Acte de lecture,* on écrit. Alors, très souvent, on lit en puissance, et puis, par ailleurs, on écrit parfois sur un mode d'inscription qui est une translation. Par exemple, on lit en acte *L'Après-midi d'un faune,* et on écrit le prélude de Claude Debussy. C'est de l'écriture aussi ! Alors il se trouve que la musique en question est écrite, mais on pourrait aussi le faire au cinéma, il y a une translation qui s'opère, une transposition... Mon point de départ c'est la lecture, je pars de la lecture, c'est pour ça que Derrida m'a aussi été...

MBK : Et Blanchot. On pense énormément à Blanchot en t'écoutant.

BS : Bien sûr. Et Blanchot. J'ai d'ailleurs énormément lu Blanchot, à cette période. J'ai un bouquin que j'ai écrit il y a plusieurs années, que je n'ai toujours pas publié, en deux volumes, qui s'appelle *Mystagogies,* et dont le premier volume s'appelle *De l'art et de la littérature,* où je parle de la nouvelle *Le Motif dans le tapis,* et où j'essaie de montrer qu'en fait ce que Henry James pose, c'est ce que je dis : on ne peut pas lire sans écrire. On peut écrire des choses très mauvaises, comme ce journaliste qu'il déteste, qu'il met en scène, ce qui est malheureusement le lot d'aujourd'hui, de pratiquement tout ce qu'on lit. Mais on peut lire autrement comme ces deux jeunes qui sont deux autres journalistes, et qui abandonnent le métier de journaliste pour devenir écrivains. Elle est vachement intéressante cette nouvelle. Je parle de ça, mais c'était il y a longtemps, il y a quarante ans, et depuis, à travers le temps, ça a évolué. Pourquoi ? Parce que, par ailleurs, j'ai développé toute une pensée qui va se consolider avec deux sources très importantes qui sont Simondon et Husserl, qui est la pensée de ce que j'appelle, j'y reviens, les spirales. Or, les spirales, ça constitue ce que Simondon appelle le fond préindividuel, et ce que j'appelle désormais la nécromasse noétique, ou le humus noétique. Cela correspond à ce qu'on appelle la vie noétique, ce qu'on appelle couramment les êtres humains, qui vivent sur une masse, une nécromasse, qui n'est pas seulement, comme les êtres vivants de la biologie, l'humus, c'est-à-dire l'accumulation des cadavres et leur décomposition qui nourrit, qui produit le carbone, etc.

MBK : Ce sont des rétentions noétiques tertiaires.

BS : Exactement. Elles s'accumulent, elles peuvent s'accumuler depuis des centaines de milliers d'années, et c'est là-dessus que poussent des écritures, des œuvres, des comportements, voilà. Alors l'écriture, pour moi, c'est ça. En fait, il faut réhumidifier la nécromasse, parce que la nécromasse c'est exactement comme l'humus : s'il n'y a plus d'eau, ça devient le Sahara, le désert absolu, il n'y a plus de vie possible. Même s'il y en a quand même qui le traversent et arrivent à y vivre. C'est ça le problème du nihilisme, c'est le désert. Comment est-ce qu'on va réussir à réhydrater, réirriguer, peut-être avec son sang ? Je ne veux pas faire dans le lyrisme, comme tu disais, mais, c'est aussi avec son sang, car il faut être prêt à donner sa vie. Cavaillès, Lautman étaient des mecs prêts à mourir, ce n'étaient pas des planqués de l'École Normale Supérieure comme Badiou, bon. Ce sont des gens qui prenaient des très grands risques. Cette question, elle se pose pour moi depuis le 11 septembre. Le 11 septembre 2001 j'ai été, comme tout le monde, absolument… j'ai *vu*, peut-être un peu plus que la moyenne, à quel point tout ça engageait quelque chose de totalement imprévisible, inconnu, ultra-dangereux.

MBK : Et la suite l'a prouvé.

BS : Parce qu'on est en train de la vivre. On est en plein dans l'apres-11 septembre. Trump c'est un produit du 11 septembre, sans 11 septembre on n'aurait jamais eu Trump. Donc, il y a là un état d'urgence absolu qui fait que, dans ce cas, oui, l'actualité va entrer dans mon travail. Sachant que, c'est important de le dire, moi j'écris d'abord par hygiène mentale. Si je n'écris pas une journée, ce qui m'arrive malheureusement assez souvent... J'essaie de toujours écrire un petit peu, même quinze minutes, le matin en me levant, avant n'importe quel échange... Ces jours-ci, je fais une exception avec vous, mais d'habitude je ne fais pas ça. Je ne veux voir personne tant que je n'ai pas écrit parce que, dès qu'on se met à parler, c'est foutu, à parler ou à écouter la radio, c'est-à-dire à entrer dans la langue... ce que Mallarmé appelait, la monnaie qu'on s'échange. Je suis très très mallarméen, je veux dire par là que l'économie politique de Mallarmé, pour moi, ça a été le cadre. C'est pour cette raison que Meillassoux et ses conneries... ça me rend malade.

MBK : Je ne sais pas si on gardera tout ça dans la version définitive : Badiou, le planqué de Normale sup, les conneries de Meillassoux... (*rires*).

BS : Vous faites ce que vous voulez, moi ça m'est égal (*rires*).

MBK : Si ça t'est égal, on garde.

BS : Moi, ça ne me dérange pas du tout. Je pense qu'il faut parler clair, la *parrhèsia*, qui est une dimension très importante de Foucault, c'est ce dont la jeunesse a besoin aujourd'hui, qu'on arrête de se cacher derrière son petit doigt : que ce soit à propos de Badiou, de Mélenchon, moi je n'ai pas peur de dire ce que j'en pense, je le dis depuis très longtemps en plus, donc ça ne me dérange pas du tout et je pense qu'il faut dire les choses comme elles sont, quitte ensuite à changer d'avis, si on s'aperçoit qu'on a dit des bêtises, surtout pour des jugements à l'emporte-pièce comme ça, mais moi, ça ne me fait pas peur pas, voilà.

Je disais que c'est une question d'hygiène. Dans mon hygiène, il est devenu indispensable que j'écrive sur les événements *pour me soigner* ! Pour être digne de ces événements qui m'arrivent et que je ne maîtrise pas complètement, pour que je ne devienne pas réactif, que je ne devienne pas ce que tous ces gens que je viens de citer, et d'autres, sont : réactifs. Car ils sont en train d'essayer de défendre une vision qu'ils ont des années 1960 et 1970 alors qu'il s'agit d'un monde *totalement* différent. Il y a le mur de Berlin, et encore, il n'y a même pas encore le mur de Berlin au début des années 1960, et ils continuent à penser dans ces catégories. Ce n'est plus possible. Et puis, il y a aussi le fait que soit apparu Internet, toutes ces choses qu'ils sont totalement incapables de penser, alors que c'est ça l'enjeu de l'écriture chez Derrida, par exemple.

MBK : Ou ils le pensent malgré eux. Par exemple, ce que Badiou, dans sa construction, appelle « l'extension générique », c'est un grand concept, et j'ai noté, quelque part dans mes cahiers, qu'en fait c'est la technique. Mais Badiou ne s'en rend pas compte. Il y a un impensé très riche chez Badiou, c'est aussi comme ça qu'il faut le lire. Il faut apprendre à le lire contre lui-même, aussi. Quelle que soit mon hostilité, qui n'est pas moindre que la tienne, pour ma part c'est vraiment, avec tout le respect que je te dois, plus en connaissance de cause, quand même, parce que j'ai lu ses livres en faisant toutes les démonstrations mathématiques, etc. Il ne faut pas juste laisser Badiou dans un coin, il y a vraiment des concepts de toute première puissance. Sur la vérité, Badiou est pour moi incontournable, encore aujourd'hui.

BS : Ça, je ne sais pas si je suis tout à fait d'accord…

MBK : On attend ton livre sur la vérité. Moi je l'attends, en tout cas, comme le Messie (*rires*). Tu recevras une lettre de vingt pages de ma part, à mon avis, quand il sera sorti.

Sortir de la philosophie
pour investir philosophiquement des situations

MC : À propos de vos manières de faire concrètement de la philosophie, un dernier aspect à aborder serait le rapport entre la production des concepts et le non-philosophique. Autrement dit, dans quelle mesure vous semble-t-il important, aujourd'hui, dans l'exercice philosophique, et même, davantage, dans l'exercice de la systématisation philosophique, de connecter la réflexion à ce qui n'est pas du concept ? Cette question de la pratique de la philosophie au bord du philosophique a longtemps été stratégique pour tous ceux qui ont voulu prendre au sérieux le problème de la fin de la philosophie et elle reste, je crois, une question pour vous. Si tel est bien le cas, dites-moi en quoi est-ce important pour vous que la pratique philosophique ne reste pas purement philosophique, et quelle solution mettez-vous en œuvre dans votre travail ?

MBK : Je répondrai assez vite. Je comprends ta question mais elle me semble tautologique, je la comprends parce qu'en effet la pratique institutionnelle de la philosophie est très renfermée sur elle-même. C'est l'immense question de ce qu'on appelle le jargon. Le jargon ce n'est pas pareil que les néologismes comme il peut en abonder dans le travail de Bernard ; Deleuze défendait cette production de néologisme dans la mesure où, à concept neuf, mot neuf. C'est plus un travail clôturé sur lui-même, ça peut être des philosophes très connus médiatiquement mais leur travail n'est pas lisible par tout le monde. Il n'est lisible que par des spécialistes, pourquoi ? Parce qu'en réalité c'est un discours qui tourne sur lui-même.

Mais pour te dire pourquoi ta question, au-delà de ça, me paraît tautologique, c'est que je ne sais plus qui disait, peut-être Althusser, que la philosophie est le seul domaine qui par définition n'ait pas d'objet propre, pas de spécialité propre. La philosophie est immédiatement confrontée à son dehors, qui est le monde, la science, l'art, la politique, l'économie, la libido… Deleuze disait : sortir de la philosophie *par* la philosophie. Je ne vois pas comment faire autrement, à vrai dire. Maintenant je comprends ta question parce qu'il existe des philosophies qui justement… je ne vais pas citer de noms… si, disons un nom de la tradition : Fichte. Fichte ne peut pas être lu en dehors des spécialistes, dans la mesure où il a radicalisé le geste kantien et où sa philosophie est uniquement et seulement une philosophie de la philosophie. C'est trop abstrait, trop jargonnant pour que quelqu'un d'extérieur à la spécialité philosophique puisse y trouver quelque chose d'utile, ou même tout simplement y comprendre quoi que ce soit. Et il n'est pas à exclure que, sourdement, Fichte soit un des grands responsables du devenir-jargon de la philosophie, dont je n'ai pas peur de dire qu'il se perpétue ensuite chez des pointures comme Hegel et un certain Heidegger, par exemple celui des *Beiträge*. Et je suis un grand lecteur des *Beiträge*, donc j'espère qu'on créditera ma critique de ne pas être gratuite ou vulgaire, du type « on n'y comprend rien ». Le problème est à mes yeux plus profond et plus complexe que ça.

BS : Je me demande si ce n'est pas Canguilhem qui a dit ce que tu prêtes à Althusser…

MC : Si je reprends la manière dont Mehdi a reformulé la question, et en m'adressant cette fois-ci aussi à toi, Bernard, on pourrait dire que l'enjeu ici serait à la fois d'éviter deux écueils. D'un côté, le jargon spéculatif, au sens où par exemple, en effet, l'idéalisme allemand a pu produire un tel jargon – tel que la réflexion consiste à ramener le philosophe à la philosophie, en faisant en quelque sorte tourner la pensée philosophique sur elle-même. D'un autre côté, il s'agirait d'éviter également cet autre écueil que le XXe siècle a beaucoup connu, à savoir la pure exégèse, par exemple avec le souci sans fin de la contextualisation historique. En ce sens, seriez-vous d'accord pour dire que la production de concepts, pour être utilement inventive, doit réussir à se situer entre les deux ?

MBK : En un sens il a déjà répondu avec la question de la nécromasse etc.

MC : Oui, tout à fait. Mais cette fois-ci, j'aimerais qu'on arrive à articuler cette ligne de crête entre inventivité jargonnante et exégèse stérile, avec la question du non-philosophique.

BS : Pour moi, il y a beaucoup d'éléments de réponse. Il faudrait dire que tout le monde est en puissance de philosopher. Ensuite, la philosophie est quelque chose qui arrive à un endroit spécifique de la terre – là, je suis husserlien, c'est-à-dire que je ne pense pas qu'il y ait une philosophie chinoise, par exemple. Il y a une pensée chinoise, qui est extrêmement importante, qui va d'ailleurs probablement devenir plus importante que la pensée occidentale dans les décennies qui viennent, c'est ce que je tends à croire, on verra, je me trompe peut-être, mais peu importe. Peu importe car ce qui m'importe, c'est qu'il y ait de la pensée, qu'elle vienne de Chine ou d'ailleurs. Ce que je veux dire c'est que, ce qu'on appelle la philosophie, c'est quelque chose qui est en puissance en n'importe qui, ce qui fait que je peux faire des cours de philosophie en Chine, mais en revanche, je pense que ça passe par l'histoire occidentale, parce que ça passe par l'écriture alphabétique, c'est absolument fondamental.

Concernant la question dont parlait Mehdi tout à l'heure, à savoir si la philosophie est terminée ou non, je ne sais pas. Je ne dirais pas que je m'en fous d'ailleurs, parce que le texte de Heidegger sur la fin de la philosophie[26], c'est un texte très important, et j'ai tendance à répondre, comme Derrida, que je me méfie de ce genre de propos – non pas de ce que dit Heidegger, mais à cause de la manière dont on peut mal l'interpréter.

MBK : Et puis surtout, ça reste un propos philosophique.

BS : Par ailleurs. Maintenant, moi, de toute façon, si je fais de la philo, c'est parce que je fais de la politique. À partir de là, la question devient parfaitement claire : la philosophie est un instrument de la *politeia*. Qui est Socrate ? C'est quelqu'un qui combat une tendance politique régressive provoquée, d'après lui, par les Sophistes. Moi, je fais la même chose. C'est lié à un *pharmakon* qui est mésusé, qui produit de l'atomisation, qui peut conduire à ce que Durkheim appelle l'anomie, etc. Donc, je me bats sur cette base-là. Deuxièmement, je suis passé par le XIXᵉ siècle, donc par l'économie politique, et pas simplement par la politique. À un moment donné, la *politeia*, ce n'est plus simplement la *politeia*, c'est l'*oeconomia* de la *politeia*, pas au sens d'Agamben et des théologiens, mais au sens de l'économie d'Adam Smith et de ces gens-là – et donc de la critique de l'économie politique.

Aujourd'hui, j'observe toutes les questions à partir de ce souci-là, et par ailleurs, pour revenir à ta question, ce qui m'importe dans tout ça c'est, étant convaincu que et Adam Smith et Marx ont raison de poser que ce qui se produit c'est une prolétarisation, prolétarisation qui atteindra absolument tout le monde, eh bien ce qui importe est de revisiter la question des savoirs. C'est ce que j'essaie de faire en propre car je crois que Marx lui-même et Engels n'ont pas... ils y ont pensé, mais c'est plutôt dans les textes de jeunesse de Marx qu'on le trouve, et aussi un petit peu dans les *Grundrisse*. Ce que je veux dire par là, c'est que je m'intéresse beaucoup aux savoirs de la vie quotidienne, et ça passe aussi par Guy Debord, par Jean

---

26 Martin Heidegger, « La Fin de la philosophie et le tournant » dans *Questions III et IV*, Paris, Gallimard, coll. « Tel », 1976, p. 279-322.

Baudrillard, par Henri Lefebvre, tous ces gens-là qui ont posé la question de la prolétarisation de la vie quotidienne. Je ne suis pas un situationniste, je suis moins proche que toi, Mehdi, je crois, des situationnistes, mais en revanche je les prends très au sérieux. Par exemple, à partir de ce qu'a fait Debord avec la *Critique de la vie quotidienne* de Lefebvre. J'essaie de reprendre cette critique, mais pas du tout comme le fait Lefebvre, parce qu'il est très décevant pour moi : il ne voit pas la question de la technique telle que j'ai essayé de la poser, il ne comprend rien à Heidegger, etc. Je pense que c'est un marxiste quand même brut de décoffrage, comme on dit, et ça ne me suffit pas du tout, je pense qu'il faut sortir de ça.

Ce que je veux dire, c'est que, par exemple en ce moment, je travaille en Seine-Saint-Denis, eh bien, je m'intéresse au football, je discute avec le Comité Départemental Olympique et Sportif en Seine-Saint-Denis et je pense qu'il y a plein de choses à faire en termes de déprolétarisation, à travers les pratiques sportives, etc. En ce sens, ce qui m'intéresse, c'est la société, en réalité. Comme elle est, qu'elle me plaise ou ne me plaise pas. Je n'aime pas beaucoup la Seine-Saint-Denis, que je connais bien, j'ai grandi à côté, j'allais acheter du shit à la Courneuve, j'allais faire mes conneries vers Saint-Denis et j'allais à la piscine à Saint-Denis, à sept ans. Donc je connais très très bien la Seine-Saint-Denis, et je n'en ai pas peur, contrairement à plein de gens – c'est un endroit chaud, quand même. Je n'en ai pas peur, mais je suis allé il y a un an à La Courneuve et j'ai constaté la dégradation, quelque chose d'incroyable. L'état de déshérence, d'abandon, de désorientation totale est absolument incroyable, mais en même temps je pense qu'il y a là une énergie d'enfer, et qu'il faut repartir de cette question de la prolétarisation, mais en la repensant dans le contexte du XXIe siècle. Il y a un truc que je crains toujours par rapport à ce que je peux faire, quand je publie un livre, c'est qu'on croit que je fais de la sociologie ou je ne sais pas quoi. Je ne méprise pas du tout la sociologie, c'est quelque chose qui m'apporte beaucoup ; c'est un des grands apports de Simondon, de dire que ce n'est pas parce qu'on est philosophe qu'on va se mettre à mépriser les sciences sociales, ou l'anthropologie, etc. Par contre, ce n'est pas du tout la même chose, la philosophie et la sociologie. Par exemple, je viens de parler de football : je n'ai jamais écrit sur le football et en plus je n'y connais rien du tout, par contre, je réfléchis sur le rôle du football en Seine-Saint-Denis, ce qui structure tout à fait l'organisation de la vie quotidienne des gens. Eh bien, c'est un objet tout à fait noble pour moi et ces objets, ce sont des objets de la philosophie. Je ne dis pas que tous les philosophes doivent s'intéresser à ces objets – ça fait très peu de temps que je m'y intéresse à cette question du sport –, ce que je dis, par contre, c'est qu'il faut – et peut-être que je passerais par Sartre, là – c'est investir des situations.

La philosophie qui n'investit pas les situations, c'est une philosophie idéaliste. Moi, je ne suis pas un idéaliste. C'est compliqué. Il suffit de lire le *Discours de Rectorat* de Heidegger pour s'apercevoir que c'est très compliqué, parce qu'on peut se trouver pris dans des machins... Je viens de relire la préface d'Althusser au livre de Dominique Lecourt sur Lyssenko[27], c'est dangereux de dire que la philosophie doit faire de la politique, il y a Heidegger nazi, il y a Althusser. Je ne dis pas du tout que c'est la même chose, j'ai été membre du PC, ça ne m'embarrasse pas du tout, j'aurais été membre du national-socialisme j'aurais honte, hein. Néanmoins c'est... très difficile. Mais c'est déjà Socrate, ce n'est pas du tout un truc qui surgit tout à coup au XIXe siècle grâce à Marx. C'est ça la philo. D'ailleurs, j'aime bien dire que Leibniz a été ambassadeur, que Descartes faisait la guerre, tous ces mecs-là...

MC : Socrate a refusé toutes les charges, pour la pureté de la philosophie.

BS : Par ailleurs, Socrate a refusé toutes les charges. Mais il a fait la guerre. Et, par ailleurs, Platon a été esclave, pas longtemps, mais il a été esclave. Tout ça pour dire que, pour moi, la philosophie, si ce n'est pas ça, c'est du vent. Ce qui ne veut pas dire que ce qui se produit en dehors de ce genre de conditions soit sans intérêt, mais ce n'est pas de la philo, pour moi. Ce sont des choses qui me sont très utiles parfois, et même indispensables... parce qu'on ne peut pas tout lire. Ça, les philosophes n'aiment pas l'avouer, mais il faut le dire. On ne *peut* pas tout lire, on fait des impasses. Il ne faut pas avoir peur de le dire, c'est aussi un aspect du tragique, d'ailleurs.

---

27 Louis Althusser, « Avant-propos » à Dominique Lecourt, *Lyssenko. Histoire réelle d'une « science prolétarienne »*, Paris, Maspero, coll. « Théorie », 1976.

Devenir systématique

Faire système sans le vouloir

MC : Une autre caractéristique de votre manière de produire des concepts, et qui rend vos philosophies singulières, en tout cas pour l'époque présente, peut être pointée. En effet, votre élaboration conceptuelle ne procède pas simplement à un relevé empirique, ni d'une montée en généralité, mais implique un travail d'articulation systématique. Nous l'avons déjà évoqué, mais il serait intéressant de nous y attarder davantage. Ce terme de « système » nécessiterait d'être défini mais, précisément, je crois que dans vos philosophies son sens se transforme. Vous tirez la leçon des philosophies de la différence, au sens où vous situez votre prise de parole philosophique, votre positionnement par rapport au discours philosophique, sur le bord de la philosophie. Or, a priori, être sur le bord de la philosophie et produire un système cela paraît antinomique, puisque la systématique, en tout cas dans l'idéalisme allemand, supposait toujours de trouver un centre. Donc cette volonté de décentrement va chez vous de pair avec une volonté de systématisation, et je crois qu'il serait opportun…

MBK : Qu'entends-tu par décentrement ? Je ne suis pas sûr de comprendre.

MC : Par exemple, dans ton œuvre, il me semble que les rapports à la littérature, au cinéma, à la philosophie scolastique, ont toujours été pour toi l'occasion de ne pas te revendiquer comme étant au centre de ce qu'on a appelé la philosophie. Bien qu'il y ait une volonté de systématisation…

MBK : Alors, comme je l'ai dit, il n'y a pas de *volonté* de systématisation, le système est venu tout seul. Il s'agit d'observer, sans que ça se réduise à l'observation empirique. C'est de l'enquête phénoménologique incessante ; phénoménologique, je le répète sans cesse, au sens de Hegel plutôt que de Husserl. Le système s'est imposé à moi, c'est vraiment l'inconscient qui a fait le travail, les concepts s'articulaient les uns les autres, ce n'est pas un concept par-ci, plus un concept par-là, plus un autre concept. C'est que les concepts entretenaient entre eux un lien organique qui fait que le mot système s'est imposé à moi. Si ça avait été autre chose qu'un système, si ça avait été... une mille-feuille, tu vois, pour faire un clin d'œil ironique à Deleuze, j'aurais appelé ça « Mille-feuille du pléonectique ». Mais non, ça s'est présenté sous forme d'un système réellement dynamique, et d'un système qui ne doit rien au mot mais tout à ce qu'il vise, car, vraiment, nous visons les choses, non les mots.

MC : Et concernant la manière dont ton système se présente à nous, sous la forme d'un abécédaire...

MBK : C'est là où l'empirique devient transcendantal. C'est la très regrettée Anne Dufourmantelle qui m'a demandé de faire un abécédaire. Moi, au début, je me suis récrié, ça sentait l'embaumement précoce, je n'avais même pas quarante ans, et puis je m'y suis mis, parce que ça me semblait bien pratique de le faire sous cette forme-là. La première version du texte s'appelait *La Transgression & l'Inexistant*[28], je l'ai écrit assez vite, et c'est comme ça que je me suis rendu compte, en dressant l'inventaire de mes concepts, qu'il s'agissait d'un système. Je le dois donc à Anne Dufourmantelle. C'est vraiment grâce à la forme-abécédaire que j'ai réalisé qu'il s'agissait d'un système, c'est vraiment l'occasion empirique qui fait ici le larron philosophique. C'est parce qu'elle m'a demandé de mettre un peu d'ordre dans ma pensée, que je me suis aperçu que non seulement il y avait un peu d'ordre, mais qu'il y en avait beaucoup, et que l'être et la pensée, c'est la même chose. C'est l'être qui est systématiquement structuré, pas le langage qui le dit, qui n'en est que l'écho affaibli, forcément affaibli. Autant sur l'écriture je peux dire des choses, autant pour le côté système ça s'est tellement imposé de soi-même, il y a tellement peu de volonté, il n'y a tellement *pas* de volonté de faire système, il n'y en a jamais eu, que je ne sais pas trop quoi te raconter à ce titre.

De ce point de vue-là, oui, on peut parler de décentrement. C'est-à-dire que, pendant longtemps, je me suis contenté du système des

---

28 Mehdi Belhaj Kacem, *La Transgression & l'Inexistant*, META [ePub], 2015.

autres, mettons Spinoza, ou Hegel, plus tard de Badiou… C'est vrai que je me considérais comme un compagnon de route de Badiou et comme lui avait un système je considérais mon travail comme une sorte d'annotation du sien. Donc, sans doute, la rupture avec Badiou avait pour cause, mais au futur antérieur, la maturation inconsciente d'un système qui était point par point incompatible avec le sien. Il a fallu que je rompe pour m'en rendre pleinement compte ; la demande d'Anne Dufourmantelle succédait d'à peine un an la rupture officielle avec le maoïste d'Ulm. Il y avait un système qui s'élaborait en moi et si j'étais resté sous la tutelle symbolique de Badiou, il n'aurait jamais vu le jour, pas de mon vivant en tout cas, c'est quelqu'un d'autre qui, examinant ma pensée, les traces que j'en laissais, aurait dit qu'il y a quelque chose de systématique, là-dedans. Mais on n'est jamais mieux servi que par soi-même. Là encore, l'empirique précède le transcendantal : les raisons pour lesquelles j'ai rompu ne pouvaient apparaître pleinement qu'après. Dans *Après Badiou*, je donne les raisons anecdotiques de la rupture, y compris les raisons humaines, je m'explique sur ce qui, dans le système-personne Badiou, leur lien indissoluble, m'était devenu insupportable. Par exemple, les formalismes systématiques de Badiou sont toujours admirables, et pour certains je travaille encore à l'intérieur de leurs trouvailles, mais les contenus dont il investit ces formalismes m'étaient devenus irrecevables.

La rupture avec Badiou fut très spectaculaire et j'ai été à ce moment-là abandonné par toutes sortes de gens. Anne Dufourmantelle fut une des seules à afficher sa solidarité publique, elle m'a aidé à publier mon *Être et Sexuation*[29], et c'est elle qui m'a poussé à mettre de l'ordre dans ma propre pensée, c'est-à-dire en fait à dégager l'ordre, le système, qui couvait dans cette pensée tant que j'étais sous la coupe de Badiou. Elle est psychanalyste, ça ne s'invente pas, elle m'a aidé à m'accoucher moi-même, si j'ose dire. C'est socratique sur ce mode, maïeutique. On doit le système du pléonectique à Anne Dufourmantelle, elle m'a vraiment accompagné. J'insiste simplement, une dernière fois, sur le fait qu'il n'entre dans tout ça pas un gramme de volonté. Jamais je n'ai voulu le

---

29 Mehdi Belhaj Kacem, *Être et Sexuation*, Paris, Stock, coll. « Essais – Documents », 2013.

système. Jamais. Il est vraiment venu tout seul, comme un bébé dont on est inconscient et dont Anne a été la sage-femme. Ça s'est imposé avec la force de l'évidence ; je savais, bien sûr, qu'il y avait des concepts dans mon travail, mais je ne voyais pas à quel point ils étaient organiquement liés les uns aux autres, et c'est grâce à Anne Dufourmantelle que je m'en suis rendu compte.

MC : Dans ce cas, il serait alors peut-être utile de préciser ma question en distinguant entre faire un système et vouloir un système...

MBK : Je soupçonne Bernard d'être dans la même situation, je ne pense pas qu'il n'ait jamais voulu un système consciemment, qu'il ne l'ait jamais recherché.

BS : Bien sûr.

MBK : Simplement, sa pensée s'articule aujourd'hui de manière très très systématique, et les concepts qui ont été formés à un moment répondent à d'autres concepts, c'est une chambre d'échos. Des fois, on aimerait un livre de deux cents pages où tu fasses toi aussi ton abécédaire... même si je sais qu'il y a un lexique *Ars Industrialis*[30], mais que, toi, tu fasses un livre un peu formulaire où tu ferais un récapitulé de ce qu'il y a dans chacun de tes livres, parce que dans chaque livre on a l'impression d'entrer dans un immense *work in progress* : ou bien des concepts ont déjà été forgés, ou d'autres concepts sont en train de se forger, etc. On aimerait un livre qui donne une vision totale du travail, parce que cette totalité, ou plutôt cette entièreté, elle existe. Non ?

BS : Oui... ça m'arrive de penser ça. Il y a quelqu'un qui a fait quelque chose de formidable en dressant l'index de *La Technique et le Temps*, un index complet, c'est vraiment bien fait, et il faut des instruments comme ça, bien évidemment. Ce que tu dis, Mehdi,

---

30 Victor Petit, « Vocabulaire d'*Ars Industrialis* », dans Bernard Stiegler, *Pharmacologie du Front National, op. cit.* Disponible en ligne : http://arsindustrialis.org/vocabulaire. Voir aussi, en complément : Anne Alombert et Michał Krzykawski, « Vocabulaire de l'Internation », dans *Appareil*, mis en ligne le 03 février 2021 (URL : http://journals.openedition.org/appareil/3752).

je me le dis souvent, mais moi, mon problème, c'est de continuer à avancer et je me dis que si je passe mon temps à faire ça, c'est autant de temps passé à ne pas écrire les machins, parce que je suis sans arrêt en train de me fixer de nouvelles obligations. Quand j'écris un livre j'ai toujours deux-trois bouquins en projection devant. Le livre en train de s'écrire est toujours un pas en direction de ces livres-là…

MBK : Une protention…

BS : Le livre actuel m'intéresse parce qu'il me donne accès à d'autres livres à venir. Mais ça, c'est propre au fonctionnement de chacun, on met des rythmes…. Parce qu'il fut un temps où j'écrivais moins, un livre tous les deux ou trois ans, et il y a une année où j'en ai écrit quatre. Mais je crains qu'avec le temps ça ne s'arrange pas, le cimetière n'étant plus forcément très loin…

MBK : Oh, tu as encore du temps.

BS : Inch'allah.

Refaire système après sa critique

MC : Dans ton travail, Bernard, cette idée selon laquelle il y aurait un système est souvent annoncée sous la forme d'une critique, à partir, précisément, de celle qui a été faite du systématisme de l'idéalisme allemand dans la seconde moitié du XXe siècle, en particulier avec ce qui a été appelé le postmodernisme. Or, peut-être est-ce en oubliant que Deleuze lui-même, avec Guattari, dans « Rhizome » (l'article devenu introduction à Mille Plateaux*), revendiquent le système (rhizome étant le nom de la manière singulière dont se systématise leur pensée). À quoi il faudrait ajouter qu'alors le système devient tout autre chose car la systématicité n'est plus organique, elle n'est plus déterminée par un principe ou un pôle unificateur, ni une cohérence totale. Derrida aussi continue de penser « systématiquement », ou, en tout cas, continue de penser le système, car il sait bien, en lecteur de Hegel, que vouloir philosopher contre l'idée de système, ou même hors système, c'est encore, inévitablement, faire*

système. On peut penser à ce livre de Jacques Derrida[31] *où Benning-*
ton propose d'exposer le système des concepts de Derrida sous la
forme d'une « Derridabase », et Derrida, lui, écrit en bas de page ses
« Circonfessions », pour tenter de montrer que s'il y a bien quelque
chose de systématique dans son œuvre, ce serait ce qui se trouve
hors de l'œuvre car hors de toute maîtrise. En ce sens, l'involon-
taire, l'immaîtrisable, comme moteur de systématisation, ce serait
peut-être ça l'apport des philosophies de la différence. Le discours
systématique serait celui qui vient non pas du centre, de l'évident,
de soi, etc. mais de la limite du discours lui-même, de ce qu'emporte
la limite en se déplaçant à mesure qu'on cherche à l'identifier. Est-ce
ainsi qu'il faudrait te comprendre, Bernard, lorsque tu nous dis que
tu écris toujours un livre en pensant aux autres à venir ?

BS : Au début du bouquin qui a été publié, qui est un entretien entre
Derrida et Maurizio Ferraris et qui a pour titre *Le Goût du secret*,
Ferraris commence par lui poser la question et Derrida répond, je
vais vous le citer : « il y a une injonction au système à laquelle je
n'ai jamais pu ni voulu renoncer. Le fait que je ne renonce pas à
cela est attesté par la récurrence que je trouve, arrivé à un certain
âge, assez frappante, de motifs, de rappels d'un texte à l'autre,
malgré la différence des occasions, des prétextes. Tout ce que j'ai
pu écrire au cours de ces derniers trente ans est resté dans une
certaine insistance, que d'ailleurs d'autres pourront trouver aussi
bien monotone[32] ». Ensuite, il dit que, bien sûr, il y a une critique
du système, au sens où le système serait syllogistique, le *sun* de
Hegel, la totalisation, etc., et que nous disons, toujours, que ce
qui est important, c'est le dysfonctionnement du système. Je suis
content qu'on parle de ça parce que... je répondrais tout de même
comme Mehdi, tout d'abord. Moi, je ne me sens pas à la marge de
la philosophie, je me sens au centre...

MBK : Je n'osais pas le dire avec cette franchise.

---

31 Jacques Derrida et Geoffrey Bennington, *Jacques Derrida*, Seuil, coll. « Les contemporains », 1988.
32 Jacques Derrida et Maurizio Ferraris, *Le Goût du secret. Entretiens 1993-1995*, Paris, Hermann, 2018, p. 7.

BS : … et je pense que c'est la philosophie dite institutionnelle ou épigonale qui est totalement décentrée ; le centre de la philosophie c'est la lutte politique, et la lutte politique ce n'est pas, je ne vais pas revenir sur Badiou mais ce n'est pas le ressassement depuis cinquante ans de la même chanson, non. La politique implique de faire face à la nouveauté absolue de la situation et la philosophie, c'est *ça.* Moi, je suis au *centre* de ça, et quand je dis « moi », je ne suis pas tout seul, il y a plein de gens avec qui je discute dans le monde entier qui sont au centre de ça. Et au centre de ça, il y a la question du système, par ailleurs, pas au sens où en parle Derrida dans la citation que je viens de faire, mais au sens où le XXᵉ siècle c'est l'apparition de la théorie des systèmes. Ce n'est pas le système au sens hégélien mais à partir à la fois de la biologie, – un être vivant c'est ce qu'on appelle un système ouvert-, à partir de la physique, qui parce qu'elle est devenue processuelle conçoit les objets physiques comme des systèmes dynamiques, à partir de la cybernétique, dont, tout de même, Heidegger dit qu'elle remplace la philosophie. Voilà, c'est la cybernétique qui remplace la philosophie. C'est ça le *Gestell.* Eh bien, si on n'est pas capable de bosser sur les systèmes, qu'on aille se faire foutre. Qu'on aille cultiver des poireaux, parce que le système c'est la question du XXᵉ siècle, et du XXIᵉ siècle encore plus. Depuis 1986, depuis que j'ai découvert Simondon, j'ai essayé de le faire lire à Derrida, mais je n'ai jamais réussi. Un jour, il a reçu une lettre de Simondon, il m'a dit de la prendre pour que je lui dise ce que j'en pensais. Je lui dis qu'il la lise lui-même, et qu'il lise Simondon ! Il n'a jamais voulu. Il avait dans la tête que Simondon était une sorte d'épistémologue, il avait une idée fausse de Simondon. Il ne l'a jamais lu. J'ai essayé de lui faire lire, et je n'ai pas réussi, en disant qu'il y a une rencontre Simondon/Derrida qui pourrait être géniale ! Et qui serait d'ailleurs une rencontre avec Deleuze aussi.

MBK : Eh bien, elle s'appelle peut-être Stiegler, cette rencontre…

BS : Eh bien, j'essaie de contribuer à ça.

MC : C'est ce sur quoi travaille Anne Alombert[33].

BS : C'est ce sur quoi travaille Anne, absolument. Cette question-là, c'est la question du système. Ce n'est pas simplement le système au sens où Derrida en parle là, c'est-à-dire au sens de la structure, en fait. Chez Saussure, chez Lévi-Strauss, etc. D'ailleurs il cite le mot *sun,* c'est-à-dire le synchronique et le diachronique. C'est ce que j'avais évoqué. Mais ça ne suffit pas, là, il y a un truc qu'il ne voit pas. La linguistique de Saussure, très bien, Lacan, Lévi-Strauss, Barthes, très bien, mais il y autre chose. Autre chose qui n'est pas la théorie de l'information comme il le croit, mais qui est la théorie des systèmes, ce qui est tout à fait autre chose et qui est le cœur de la dynamique du capitalisme actuel. Car, qu'est-ce que le capitalisme actuel ? Ce sont des systèmes dynamiques qui calculent, automatiquement. Et là, ce n'est plus du tout Hegel. C'est ce sur quoi travaille Yuk et c'est pourquoi son travail est très important, il connaît ça de l'intérieur.

Alors après, moi ce que je crois, c'est qu'il faut désenclaver les diverses théories du système qui se font concurrence. Par exemple Bertalanffy, qui est le premier à avoir élaboré le concept de système ouvert, il dit que Wiener est à la mode, etc., mais qu'il est, lui, le premier. Il ne voit pas que Wiener fait la même chose que lui. Il y a donc une compétition entre les théoriciens des systèmes ouverts, entre les cybernéticiens, avec toute une réappropriation de la cybernétique par les cognitivistes, qui ne comprennent *rien,* à mon avis, à la cybernétique. Eux, ils croient que la cybernétique c'est l'algorithme. Or, ce n'est pas du tout ça. La cybernétique, ce sont des systèmes dynamiques récursifs, qui sont un nouveau paradigme pour essayer de repenser toutes les réalités à partir de ce concept que construit Norbert Wiener, le *feedback.* Concept que je critique par ailleurs, je ne suis pas wienerien. Par contre, Heidegger l'a senti, il ne l'a pas travaillé parce que, en quelques sorte, je crois qu'il en était dégoûté. Il y a quelqu'un qui a essayé, c'est Lyotard, c'est pour cette raison que Yuk s'intéresse à Lyotard.

---

33 Anne Alombert, *Ontogenèse et grammatologie dans le moment philosophique des années 1960. Simondon et Derrida face aux questions de l'homme et de la technique,* thèse soutenue sous la direction de François-David Sebbah, à l'Université Paris X, le 2 novembre 2020.

Lyotard a *vraiment* essayé de faire ça, mais je pense qu'il ne s'en est pas vraiment donné les moyens. Il avait une immense qualité, comme Roland Barthes, qui était un immense défaut, comme Roland Barthes, il avait des passions : dans les années 1950 il étudie la phéno, à la fin des années 1950 il combat la guerre d'Algérie, puis il s'engage et entre dans les cercles « conseil ouvrier », ensuite il s'engage dans le pulsionnel derrière Deleuze, il crée l'économie libidinale, et après...

MC : Wittgenstein, aussi.

BS : Entre Wittgenstein et *La Condition postmoderne*... Barthes faisait ça aussi, il s'entichait comme on dit, à un moment donné il ne jurait plus que par Balzac, et après il passait à autre chose, voilà. Ça leur a été reproché injustement, parce que par ailleurs ils avaient aussi... du système, si je puis dire, ils ne papillonnaient pas du tout. Contrairement à ce qu'on pourrait croire. En tout cas, Lyotard, lui, a essayé à un moment donné mais je pense que c'est arrivé trop tard, dans son parcours. Maintenant, ce que je pense, c'est que ces questions-là, sur la cybernétique, il faut les reprendre. Et, justement, je suis dans mes obsessions du moment, hein, entropie, néguentropie, néguanthropologie : c'est le sujet de la néguanthropologie. Il faut reprendre tout ça, il ne faut pas dire que tout système dynamique ouvert est réductible à une machine, c'est ce que Simondon combat chez Wiener, et je comprends pourquoi il le fait, mais Wiener le combat lui-même, il dit que c'est dangereux. Il y a une pharmacologie chez Wiener.

MC : Pour des raisons politiques ?

BS : Tout à fait. Parce qu'il est très à gauche, il est très suspecté par le maccarthysme, et il est pharmacologue, ce que *n'*est *pas* Simondon. Voilà pourquoi je pense qu'il faut reprendre toutes ces choses-là, sur un autre registre, qui est une revisitation des conséquences. Je reviens à ce que je disais tout à l'heure : je pense qu'il faut déconstruire la déconstruction. Je sais que ça sonne ridicule, ça fait arrogant, mais je pense que dans la déconstruction, il y a des constructions qui se sont faites. Je ne parle pas seulement de

Derrida, d'ailleurs, je prends la déconstruction au sens large, j'y mets Heidegger, l'*Abbau*, il faut reprendre tout ça...

MBK : Moi, ce que je reproche à la déconstruction, c'est vraiment qu'on tire la différence d'un chapeau, comme si c'était le dehors absolu du texte métaphysique. Par exemple, je ne suis plus du tout d'accord avec la déconstruction des dualismes. Premièrement, au niveau de la pensée, il est impossible de penser sans dualismes ; deuxièmement, au niveau de l'être, si on pense l'être comme événement, il y a vraiment des différences, si j'ose dire, qui font la différence ; c'est ça que j'appelle déconstruction de la déconstruction pour ma part. Pensons à ce que te reprochent les derridiens : la volonté de système etc., ce que je reproche à la déconstruction, c'est-à-dire à Derrida lui-même, c'est que la déconstruction, à force de toujours la faire surgir, comme ça, du dehors absolu, la différence a tendance à indifférencier toutes les différences. Il n'y a plus de hiérarchie, il n'y a pas de différence d'intensité entre les différences, ce qui n'est pas du tout le cas. Même reproche qu'avec Deleuze : la différence ne surgit pas, comme ça, à n'importe quelles conditions. Au sens où, la différence qui surgit à la condition de la rétention tertiaire et de la technologie, n'a pas du tout le même régime, la même économie, que si elle surgit dans la sphère vitale, qui elle-même n'a pas du tout le même régime que celle qui surgit dans le restant du monde matériel. En sorte qu'on doit se tourner plutôt vers quelqu'un comme Bergson pour y retrouver ses petits, plutôt que dans la filiation heideggérienne, ou même la filiation bergsonienne version Deleuze.

BS : Je vais enchaîner sur ce que tu viens de dire en y adhérant mais en apportant une précision.

MBK : La dernière chose que je reproche à la déconstruction et peut-être à Deleuze, c'est que, pour moi, avec la différence sous condition de la rétention tertiaire et de la technologie, il y a un indice de négativité extrêmement fort. La différence n'est pas simplement cette positivité qui se bat contre la métaphysique et qu'il s'agit de réhabiliter contre la métaphysique – ça, c'est la version Derrida, et elle n'est pas non plus quelque chose qui est pourvoyée par l'être, comme ça, en toute générosité, comme chez Deleuze, sans différences d'accentuations extrêmement importantes qui sont liées à ce que tu appelles rétention tertiaire et surgissement technologique, voilà. Pour aller très vite, un indice de négativité très fort dans l'intensification de la différence, déjà dans le stade vital, ce serait que, c'est beaucoup plus cruel chez des animaux carnivores qu'entre des plantes, et chez les plantes que dans les graines minérales. L'indice de négativité, lié directement à l'intensification de la différence, devient chez l'être humain insoutenable, c'est ce qu'on a appelé le tragique, le Mal, voire le nihilisme. C'est peut-être le petit problème que j'ai avec le nihilisme : le nihilisme, au fond, est très anthropologisant, on peut reprocher la même chose au concept de Mal, mais au moins, avec le Mal, c'est cartes sur table, tandis que ce qui n'est pas clair avec le concept de nihilisme, c'est la clôture anthropologique qu'elle suppose, finalement. Il n'y a de nihilisme qu'à condition de l'humain. Sinon, on a le nihilisme ontologique de Brassier. Pardon de t'avoir coupé, je voulais juste ajouter ça. Sur cette question de la négativité dans la différence, qui me paraît sous-estimée chez Deleuze et Derrida, chacun à sa manière.

BS : Je suis d'accord avec ça, mais je le formule un peu différemment. Ce que tu as décrit comme des dualités, Derrida les appelle des oppositions ; ce sont des dualités, il n'a jamais écrit le contraire, mais ça ne l'intéresse pas. Et moi, ce que je dis, c'est que, précisément, il faut restaurer les dualités, sans faire des oppositions. C'est la base de ma critique de la différence comme tu viens d'en parler, lorsque Derrida parle de Husserl et des *Leçons sur la conscience intime du temps* et des *Recherches logiques,* dans *La Voix et le Phénomène*, où il tend à poser que la question n'est pas la rétention, c'est la trace. Sauf qu'il évacue complètement que les rétentions primaires et secondaires ne sont pas la même chose. Ce que j'essaie de faire, c'est de coller à la critique que fait Derrida de l'opposition qu'il y a entre rétention primaire et rétention secondaire, parce que ça, il ne faut pas le perdre, c'est ce qui est intéressant, sans adhérer à l'effacement des différences entre les rétentions. Voilà, c'est là que c'est compliqué.

Sortir de la dialectique en réinvestissant la différence

MC : Est-ce que la solution, pour toi Bernard, se trouve du côté de Simondon avec sa dialectique et sa notion de dyade ?

BS : Je ne parlerais pas de dialectique chez Simondon.

MC : Je dis « dialectique » parce que Simondon utilise le terme.

BS : Oui, mais il l'utilise au sens de Platon et les gens l'entendent au sens de Hegel. C'est pour ça que je dis « je ne parlerais pas » ; je ne dis pas que le mot n'existe pas, mais je n'en parlerais pas parce que ça induit du malentendu, y compris chez certains simondoniens qui sont quand même des marxistes et qui s'accrochent pas mal à la possibilité de sauver la dialectique marxienne. Moi, je suis anti-dialectique aujourd'hui, à cent pour cent. Pour moi, c'est ça le tragique. Il n'y a pas de synthèse finale où on va résoudre les contradictions. C'est absolument impossible et ça, c'est l'anti-dialectique y compris marxienne.

MBK : Alors, moi, je me définirais plutôt comme un dialecticien tragique, c'est-à-dire un dialecticien de la différence. C'est-à-dire que je maintiens l'idée d'opération d'*Aufhebung*, de dépassement du donné sur le mode de la suppression et de la conservation à la fois. La première des suppressions-conservations, c'est par définition la technologie, qui est ce qui supprime la nature tout en la conservant. En sorte que, ce qui n'a pas été pensé dans une dialectique hégélo-marxiste un peu caricaturale, c'est précisément la conservation. C'est ça le problème écologique, ou, autrement, du transhumanisme. C'est-à-dire qu'on ne peut pas penser la technologie comme purement autonomisée de la nature, comme l'ayant simplement dépassée pour un stade meilleur. Peut-être qu'une entité technologique finira par exister sans l'être humain et sans la moindre trace vitale, mais elle existera, à point nommé, sans nous. Il n'est pas à exclure que la Silicone Valley parvienne à produire une machine qui arrive à « vivre », mais justement il ne s'agira plus de vie, une entité qui survivra à tout ça. Donc, je dirais qu'il y a une dialectique dans mon travail, qui est une dialectique de la différence. C'est ce que je dis dans le *Système*, c'est un hégélianisme diffracté. Je mets de l'*Aufhebung* partout, mais c'est une *Aufhebung* qui, loin de résoudre les contradictions, les accentue, qui produit sans cesse de la différence intensifiée.

BS : Je suis d'accord mais je n'appellerais pas ça dialectique. Sans synthèse finale, il n'y a pas la dialectique de Hegel, donc de Marx.

MBK : Il n'y a pas de synthèse finale dans mon travail, mais je maintiens le mot dialectique, c'est-à-dire que j'essaie de l'investir d'une signification neuve. L'*Aufhebung* débouche toujours sur une diffraction de différence.

BS : C'est ce que j'appelle le double redoublement épokhal (*rires*). Ensuite, il y aussi le problème lié au fait que le temps de la disruption est plus rapide que le second temps du redoublement, ce qui fait qu'on est dans la merde, voilà – et c'est ce qu'il faut repenser. Par rapport à ce que tu viens de dire, que peut-être que la machine s'autonomiserait, je fais le pari que ce n'est pas possible. En m'appuyant sur Canguilhem, sur Jean-Toussaint Desanti, sur un certain nombre de gens qui ont certaines raisons bien précises de dire que ce n'est pas possible, sauf à ce qu'il y ait une machine automatique, ce que j'appelle le désert automatique. Le désert intégralement automatique, ça ce n'est pas impossible. Je pense que c'est possible dans les faits, mais en droit ça ne l'est pas parce que ça ne produit pas de néguentropie.

MBK : Il me paraît important d'approfondir ce point spéculatif. Moi non plus je n'y crois pas. Je m'appuie simplement sur ma propre spéculation, m'amenant à penser qu'il n'y a pas de vie possible sans conservation de la matière. Donc, l'illusion, la volonté de la Silicone Valley, ce serait la technologie purement autonomisée du vivant, mais comme le vivant lui-même est une petite trace précaire à la surface de la matière, la technologie si on ne la pense pas à nouveaux frais comme une petite trace à la surface de la vie, si on n'arrive pas à rendre à nouveau la technologie modeste, il n'y a pas de sortie possible...

BS : Je suis entièrement d'accord. Mais c'est ce que dit Simondon contre Wiener.

MBK : ...parce que c'est une chose merveilleuse, la technologie, mais, si au prétexte qu'elle a dépassé la nature... C'est quasiment un lieu commun à dire, mais c'est bien de le dire, que ce n'est pas parce qu'il y eut cette merveille de la technologie qu'il faut investir un espoir tel dans ses pouvoirs par rapport à ceux de la vie... c'est le propos écologique quand il n'est pas trop naïf. En cela, la technologie demeure une écume à la surface de la vie, comme la vie est une écume à la surface de la matière. À partir du moment où nous parviendrons à penser cela à nouveaux frais, je pense que la technologie retrouvera, pour des raisons que ton travail explique beaucoup mieux que le mien, une dignité qui s'est vraiment perdue.

MC : Peux-tu préciser, Bernard, ce que tu as indiqué concernant la déconstruction des oppositions. Comment, dans ton travail, tu hérites à la fois de cette déconstruction et tu essaies de réinvestir l'idée qu'il y a des dualités ?

BS : J'hérite de ce qui est plus qu'une critique des oppositions : de leur déconstruction. Les dichotomies, Derrida ne les thématise pas vraiment, sauf dans certains textes comme par exemple *La Carte postale*. Mais ce n'est jamais... il ne veut jamais reprendre un certain vocabulaire métaphysique ; il se dit que s'il fait ça, il va laisser revenir des choses ; il est extrêmement vigilant là-dessus.

MC : Je pensais à Du droit à la philosophie, *où Derrida reprend la logique des antinomies.*

BS : Oui, mais alors ce sont des antinomies, ce ne sont plus tout à fait des dualités. Oui, c'est un spécialiste des antinomies, Derrida ! Il n'arrête pas de travailler des antinomies, c'est ce qui l'intéresse le plus en réalité et c'est ce qui le fascine chez Kant – et c'est ce qu'il y a de plus admirable, chez Kant. Maintenant, ce que j'essaie d'élaborer moi, c'est une génétique « matériale » ou que j'appelle parfois « hypermatérielle ». Je me méfie aussi du matérialisme au sens courant du terme, pour moi la métaphysique matérialiste est largement plus vulgaire que la métaphysique idéaliste. Je préfère les idéalistes, encore, aux matérialistes vulgaires, voilà. Par exemple, Joël Proust ou toutes ces conneries de certains des sciences cognitives. Le sujet c'est : comment construire une génétique, comme le disait Mehdi, des rétentions tertiaires, c'est-à-dire comment redécompose-t-on, pas simplement des dualités, d'ailleurs, ça peut être des ternarités, des polarités en tout cas, et comment s'agencent-elles les unes avec les autres dans une génétique, disons dans une généalogie ? C'est ce que j'essaie de faire, c'est bien connu de tout le monde. Le truc qui rentre là-dedans et qui reprend des questions que Mehdi évoquait tout à l'heure, c'est la bipolarité, ou ce que, Michaël, tu appelais la dyade, que moi je revisite avec Simondon bien sûr, mais aussi avec Aristote et avec Socrate, posant que nous sommes voués à l'intermittence. Ce que j'appelle intermittence. Quand Derrida veut déconstruire des oppositions, moi je dis qu'il faut réélaborer des compositions : ça compose en permanence, entre des pôles. Ces pôles ne sont pas du tout des opposés, ce sont des gradients, ça varie, comme ça. Un coup je suis très mauvais, un coup... Mais il n'y a pas d'*ouranos*, il n'y a pas d'outre-monde, il n'y a que de l'immanence, en réalité. Parce que c'est ça le point commun entre Deleuze, Derrida et Foucault, c'est l'immanence, voilà.

MBK : Dans *L'Esprit du nihilisme,* je parle du derridianisme comme étant un hégélianisme parodique. Il me paraît y avoir un mouvement parodique d'*Aufhebung*, c'est-à-dire que la différence dépasse toujours les oppositions, et j'ai mis des années et des années à m'apercevoir que... ça ne fonctionnait pas, que, par exemple, la différence *phusis/tekhnè* était plus forte que la différence, tout simplement.

BS : Tout dépend de quelle différence on parle, avec un « e » ou un « a ». Si on parle de la différance, je ne te suivrais pas. Car il y a une histoire de la différance, il y a des rythmes de différance, c'est-à-dire des rythmes de rétentions et de protentions. C'est pourquoi je n'arrête pas de dire que la différance, c'est la néguentropie. Après quand on a dit ça, on n'a rien car, qu'est-ce que la néguentropie ? C'est tout. Justement. Il faut tout revisiter, en gardant tout. Au sens où Hegel dit « je garde tout, je conserve tout », mais sans faire une *Aufhebung*, voilà, en faisant une déconstruction de la déconstruction qui réarticule le discours avec les sciences.

C'est qu'il y a tout de même un point qui est très problématique avec Derrida, pour des raisons qui s'expliquent très bien et qui sont biographiques : à un moment donné, il a laissé tomber la discussion avec les scientifiques. Ce n'était pas du tout le cas au début. Au début, Derrida était super costaud, il lisait toutes les choses sur les maths, la physique, comme Heidegger, et à un moment donné, il s'est arrêté. Au début des années 1970, il s'est arrêté. Pour moi, c'est une calamité parce que la philosophie a besoin des sciences. Sur ce point, je comprends Badiou dans son rapport à Derrida, là je le suis. D'ailleurs, si je n'ai pas réussi à faire lire Simondon à Jacques, c'est parce que Simondon, ça passe par les sciences. Tu ne peux pas lire Simondon sans convoquer la physique, la biologie, la cybernétique, etc. La cybernétique qui n'est pas une science, mais une... quoi ?

MBK : Une idéologie, peut-être ?

BS : Ah non, ce n'est pas une idéologie, la cybernétique, c'est beaucoup plus que ça. Heidegger dit que c'est ce qui vient succéder à la philosophie. Tout simplement.

MBK : Alors je dirais : c'est un régime.

MC : C'est une métaphysique.

BS : C'est là qu'il faudrait faire un débat avec Yuk.

L'enjeu de la philosophie

La philosophie comme intensité et comme pathologie

MC : Reprenons une dernière fois le fil de notre conversation. Selon différents points de vue, nous avons interrogé votre rapport singulier à la philosophie, en mettant l'accent à plusieurs reprises sur votre liberté de ton, de méthode, par rapport à la philosophie que nous pourrions qualifier d'institutionnelle. En ce sens, vous n'êtes pas, comme disait Godard, des professionnels de la profession, vous n'êtes pas dans le bain académique de la philosophie. Or, cela a une conséquence importante, dont je souhaiterais que nous parlions pour terminer : pour vous, il reste possible que la philosophie ne soit pas une évidence, au sens où, dans votre existence, faire de la philosophie ne va pas professionnellement de soi. Autrement dit, pour vous, à l'inverse, la philosophie peut rester problématique.

MBK : La philosophie est un accident, quand même. Donc si on philosophe par accident comme Bernard, c'est que, quelque part, on est fidèle à l'essence de la philosophie.

MC : Tout à fait. Mais, précisément, je crois que cet accident qu'est la philosophie pour vous, ce n'est pas simplement un accident originaire, je veux dire par là que le fait que vous fassiez de la philosophie ne me paraît pas s'expliquer par la seule raison qu'un jour vous seriez passés à la philosophie, une fois pour toutes. J'ai l'impression que cet accident reste, parce que la question « est-ce qu'aujourd'hui je vais faire de la philosophie ? » ne s'évanouit jamais dans une obligation professionnelle, ne s'élude pas, reste permanente. Or, si vous m'accordez ce point, expliquez-moi comment cette question continue de se poser à vous : est-ce en raison de ce que j'avance ici, c'est-à-dire parce que votre pratique de la philosophie n'est pas d'ordre institutionnel, au sens fort où, Derrida encore une fois montre qu'historiquement la philosophie est une institution ? Est-ce parce que, à différents niveaux, vous n'appartenez pas directement à cette institution qu'est la philosophie que cette pratique peut rester pour vous problématique, dans la mesure où il ne serait pas a priori normal de faire de la philosophie ? Plus encore, s'il est possible que la pratique de la philosophie ne semble pas « normale », on pourrait alors être amené à dire, comme tu l'évoquais au début de la conversation, Mehdi, qu'il y a une pathologie à faire de la philosophie. En ce sens, cette idée que l'exercice de la philosophie est pathologique, resterait pour vous une possibilité, et qu'en cette possibilité résiderait la vivacité même de la pensée. Alors voilà ma question, très simple dans le fond : si on s'accorde avec cette idée que la singularité de votre rapport à la philosophie est d'ordre problématique, voire pathologique, pourquoi faites-vous de la philosophie ?

MBK : Si moi et Bernard, à des échelles différentes, parce que Bernard a plus... il a tout de même enseigné, quoi. Ce n'est pas du tout pour me donner un rôle, comme ça, pseudo-héroïque, c'est pour parler de la pathologie, et mon allergie à l'institution est d'abord d'ordre pathologique car liée à des traumatismes d'enfance, c'est une vraie mutilation. Mais là où je reconnais les critiques de Schopenhauer et de Nietzsche vis-à-vis de l'institution universitaire, c'est *l'obligation* de pensée. Un professeur est *obligé* de penser quelque chose. Nietzsche dit : si un matin je me lève et n'ai rien à dire, rien à penser, et que je dois quand même aller enseigner, qu'est-ce que je fais ? Schopenhauer dit : ça pousse à la sophistique, parce qu'on est toujours obligé de dire quelque chose. Je ne vais pas citer de noms, voire de grands noms, mais je pense que la situation terrible de la philosophie institutionnelle c'est un petit peu celle-là : être obligé de dire des choses, même quand on n'a rien à dire. Dans la préface à *Système du pléonectique*, je dis que Deleuze parle en ces termes des médias : « nous ne souffrons pas d'incommunication, mais de toutes les forces qui nous poussent à communiquer même quand on n'a rien à dire ». Et je me suis demandé si Deleuze ne pensait pas en même temps à l'Université. À l'intérieur de l'Université, ceux qui sont grands, ce sont ceux qui sont arrivés à – question de singularisation, de transindividuation – à se créer un lieu où ils arrivent à penser par eux-mêmes, comme on dit, indépendamment des réquisits de l'académie. Il y faut beaucoup d'art, probablement plus d'art, plus de force, plus d'érudition que celle qu'a besoin de convoquer un crevard comme moi (*rires*). C'est vrai que, moi, je peux me permettre de me brancher sur un problème qui m'intéresse avec une intensité qui est impossible dans le cadre universitaire, j'y mets toute la gomme, comme tous les penseurs hors-Université... C'est vrai qu'il y a une intensité chez Kierkegaard, chez Schopenhauer, chez Marx, chez Nietzsche, etc. du traitement des problèmes, qu'il y a moins chez Hegel, Schelling, Husserl... Même Heidegger, je trouve que l'intensité qu'il se force à mettre dans les problèmes frise parfois le ridicule, le pathos : c'est souvent boursouflé, du pseudo-Nietzsche. Mais tout ça me vient comme on en parle, ce n'est pas pré-pensé si j'ose dire. Je vois clairement que le luxe d'être en dehors de l'Université c'est qu'on n'est pas tenu par les réquisits académiques, les figures imposées : quand on n'a pas envie de dire quelque chose sur quelque chose qui ne nous intéresse pas, ou sur un problème mal posé, eh bien on se tait.

Voilà pour l'économie que permet, je dirais, un pas à côté de l'Université. Donc là, je dis un peu de mal de l'Université, et même des grands, comme Hegel, Schelling, Husserl ou Heidegger, pour bien problématiser la chose et faire voir ce que permet une aventure, comme je dis parfois, extra-scolastique. Mais j'ai un peu honte de dire ça, de m'en prendre à des géants comme ça. Il y a une économie clairement différente, et je trouve que Schopenhauer et Nietzsche, dans leurs pamphlets à ce sujet, ont un peu tout dit du type de singularisation que permet un pas en-dehors de l'Université. Après, je ne suis pas naïf, j'ai vécu pendant longtemps dans un complexe très écrasant par rapport à l'Université, d'où mon rapport lointain à Derrida et Deleuze, puis mon rapport de proximité à Badiou, ça a toujours été un rapport... voilà, j'étais David contre Goliath, quoi. Et puis un jour les complexes ont disparu, non pas parce que je me serais senti tout à coup supérieur à ces gens-là, pas du tout, mais j'ai compris, tout simplement, quelle était ma différence. La différence cessait d'être un mot qu'on fourre un peu partout, « vivent les différences », aujourd'hui ce sont des chansonnettes, pour moi ça devenait concret.

Derrida m'avait dit, au sujet d'*Esthétique du chaos* : « vous prouvez qu'il y a des événements [1] » Tout ça se retrouve en abyme, c'est-à-dire produire une philosophie qui ne se contente pas d'encenser les différences ; contre toutes sortes de courants actuels fidèles aux philosophies de la différence, j'essaie de faire un petit pas en plus car, comme disait Bernard, pour rester fidèle à Deleuze et Derrida il faut un peu les trahir aussi. Donc, tout ce que je suis en train de dire par rapport à la situation extra-scolastique, la toute petite histoire, comme dit l'autre une « singularité universalisée », permet de penser la différence. La philosophie en tant que réfléchissant le réel. J'ai l'impression d'être arrivé à une capture inédite de la différence, *grâce* à cette situation de non-universitaire. Je suis allé très loin dans mes propos, mais ça m'est venu comme on en parlait.

MC : Je m'adresse maintenant à toi Bernard : pourquoi fais-tu de la philosophie ? En quoi y a-t-il pour toi une nécessité à faire de la philosophie alors même que, dans le fond, tu pourrais ne plus en faire ?

BS : Moi, si je ne faisais plus de la philosophie, je serais mort. J'ai besoin de la philosophie comme un poisson d'eau. Ça n'a pas toujours été comme ça, même si, en fait, bien avant de faire de la philosophie, j'avais déjà un penchant, je ne sais pas comment appeler ça... spéculatif, disons. Il est absolument inimaginable, pour moi, de ne pas faire de philo, d'ailleurs si je n'en fais pas, et ça m'arrive, si je n'ai pas le temps non seulement d'écrire, mais de lire – tous les soirs je m'oblige à lire –, eh bien je vais mal, quoi. Je plonge moralement, tout de suite. Donc pour moi la philo c'est quand même, d'abord, une façon de survivre. Maintenant, c'est là une vision très égocentrée et pas très intéressante.

Par contre, dans sa première formulation, la question tu adressais était plutôt celle la fin de la philosophie. C'est une vraie question, pour moi, la fin de la philosophie... Hier, on a beaucoup parlé de l'historicité de la philosophie, et c'est important car on ne peut pas rentrer dans la philosophie sans rentrer dans l'histoire de la philosophie. Pour moi, c'est absolument évident, mais on ne peut dire ça que parce que la philosophie a un début, et si elle a un début, c'est qu'elle a une fin. Inévitablement. Donc, la question qui me travaille beaucoup est celle de la fin de la philosophie. Y compris par rapport à ce qu'on disait tout à l'heure à propos de la cybernétique... et je ne tranche pas, là-dessus. C'est le sujet de Heidegger, dont on parlait tout à l'heure, et sur lequel Derrida, aussi, est extrêmement prudent. Je ne tranche pas là-dessus car je pense que ce n'est pas le moment de se poser la question.

Par contre, quelque chose qui m'intéressait dans ce que tu as dit, Michaël, c'est la question de la pathologie. Sur ce point, c'est Canguilhem[1]. Je l'ai lu tard, pendant très longtemps je ne le connaissais pas, je savais que c'était un des grands profs du XXe siècle, Foucault, Simondon, Derrida, Bourdieu lui devaient l'essentiel, mais je ne connaissais pas. Je m'y suis mis il y a moins de vingt ans – et c'est fondamental. Si je réponds à ta question vraiment point par point, enfin je dirais pied à pied, même, eh bien je partirais de Canguilhem. Qu'est-ce que Canguilhem dit de fondamental ? et qu'il tient de Nietzsche, bien sûr. Il dit qu'il faut de la philosophie parce qu'il y a de la pathologie. Mais la pathologie ce n'est pas, « ah, on est malade » et il faudrait trouver la bonne solution. La pathologie, c'est la santé.

MBK : J'aurais bien aimé que tu sois là, lors de mon entretien avec Jean-Luc Nancy[2], parce que Jean-Luc, il me reprochait sans cesse l'usage de termes comme pathologie, monstruosité, etc. Mon ontologisation de la pathologie, au fond.

BS : Mais Jean-Luc, justement, je crois qu'il ne voit pas ces questions. Bon. Il faudrait qu'on en parle directement, mais je crois qu'il n'est pas sensible à cette dimension canguilhemienne. J'ai beaucoup développé dans un livre, *État de choc*, le pathos, qui est le sens, aussi. Le pathos, c'est le sens. Quand une chose a un sens, c'est qu'elle m'affecte. Si elle m'affecte, c'est une passibilité comme disait Lyotard, c'est un sens, mais c'est une pathologie, aussi. Être pathologique, c'est être affectable. Dieu seul échappe à ça, il n'est pas affectable. Parce qu'il affecte tout mais n'est pas affecté, c'est ce que disait Aristote. Mon rapport au pathos, il est là. Alors, ce n'est pas que ça, c'est aussi un rapport misérable à *ma* pathologie qui est ce que j'ai raconté dans *Dans la disruption*, le Laroxyl et plein de choses comme ça, l'alcool à une époque.

---

1 Georges Canguilhem, *Le Normal et le Pathologique* [1943, rééd. 1966], Paris, PUF, coll. « Quadrige », 2013 (12e éd.).

2 Cet entretien, organisé par les Bibliothèques Idéales et la Librairie Kléber Salle Blanche, a eu lieu le samedi 8 septembre 2018 à la Cité de la musique et de la danse de Strasbourg.

Le combat philosophique

MC : Dans l'ensemble de notre conversation, mais c'est aussi dans vos ouvrages, une des dimensions de la singularité de votre rapport libre à la philosophie réside dans la manière dont vous menez ce qu'on pourrait appeler un combat philosophique. Autrement dit, il semble évident pour vous que faire de la philosophie suppose aussi de prendre position, et cette prise de position suppose à son tour non pas de rejeter, mais bien d'affronter d'autres positions. En ce sens, selon vous, peut-on dire que le travail philosophique, ou disons l'exercice de la philosophie, est fondamentalement de l'ordre du polemos *? Et, d'autre part, est-ce que ce champ de bataille philosophique est nécessairement connecté au champ de bataille politique ?*

MBK : Je laisserai répondre Bernard, me contentant d'une remarque. J'y ai déjà fait allusion. J'ai une extrême modestie par rapport à ce que fait Bernard, il est beaucoup plus engagé concrètement que moi. Comme j'ai commencé à le dire, il a eu une vie d'homme, quoi ; moi, la vie d'un éternel adolescent. Lui c'est plus Marx, tandis que moi c'est plus Kierkegaard ; je suis plus un « chevalier de la foi » et je me suis plus battu uniquement à travers les livres. Je n'ai jamais cessé d'être « uniquement écrivain » comme, disons, Blanchot ou Bataille, et parfois c'est une souffrance, comme ça, d'être dans un théâtre mental où on se bat uniquement contre des idées. En ce moment, grâce aux éditions Diaphanes, je sens qu'enfin un engagement un petit peu concret, une matérialisation un peu concrète de ma pensée, finira par avoir lieu. Au-delà de la culpabilité, je tenais à marquer ma différence entre les engagements réels et radicaux qui chez Bernard ont toujours accompagné son activité écrite, et l'extrême solitude où je me suis presque toujours tenu. Mon combat a été presque exclusivement littéraire, jusqu'ici. Uniquement à travers les livres.

BS : En fait, j'en ai déjà un peu parlé tout à l'heure, mais pour moi la philosophie ce n'est que de la politique. Ensuite, le problème est : qu'est-ce que la politique ?

MBK : Dirais-tu avec Althusser que la philosophie, c'est la lutte des classes dans la théorie ?

BS : Eh bien, je ne le dirais pas comme ça, mais je reviendrais à ce que je disais tout à l'heure du dernier Foucault, et à ce que je disais juste avant, sur l'intermittence et la bipolarité. J'avais cité tout à l'heure Foucault lisant Sénèque, notamment les *Lettres à Lucilius*, et faisant de la technique de soi, c'est-à-dire la thérapeutique de soi, la *tekhnè tou biou*, la matrice, en fait, de la gouvernementalité. Je pense qu'aujourd'hui, il faut raisonner comme ça, d'une part. D'autre part, j'ai essayé de montrer à plusieurs endroits, mais surtout dans le troisième tome de *Mécréance et Discrédit*[3], comment l'école de Francfort, Marcuse, a mal articulé la psychanalyse et le marxisme, en disant que l'idéalisme serait du côté de l'âme et le matérialisme du côté de la société. Ça, c'est bidon pour moi, ça a conduit à un matérialisme métaphysique qui est tout aussi calamiteux que la métaphysique idéaliste.

MBK : Tout à fait d'accord. Nous sommes en plein là-dedans, aujourd'hui.

BS : Je dis cela parce que je pense qu'aujourd'hui il faut faire de la politique de manière tragique. Cette manière tragique de faire de la politique, je la pratique tout le temps, même quand je suis tout seul à faire le ménage. C'est au sens où hier je vous disais qu'en faisant le ménage j'essaie de prendre soin de moi, de sorte que le moment du ménage soit aussi un moment de soin ; être digne de ce qui m'arrive, même lorsque ce qui m'arrive c'est *je fais le ménage* (*rire*). Faire en sorte que ce soit aussi un moment du politique. Si on veut lutter efficacement contre l'individualisme de ce qu'on appelle les néolibéraux, c'est comme ça qu'il faut le faire, en reconstituant des thérapeutiques, des façons de vivre, des arts de vivre, voilà, qui soient véritablement dignes de la situation. Par ailleurs, pour cela, il faut aussi sortir de la théâtralisation, par exemple, de la lutte des classes, du conflit. Ma réponse à ta question, elle est clairement

---

3   Bernard Stiegler, *Mécréance et Discrédit, t. 3. L'Esprit perdu du capitalisme*, Paris, Galilée, coll. « Débats », 2006.

oui : la philosophie c'est un conflit, et d'abord contre soi-même. C'est ce que disait Derrida : j'écris d'abord contre moi-même. Mais c'est un conflit de part en part, et c'est un conflit où il n'y a pas de *méchant*, ni, non plus, de gentils.

MC : Il y a des prétendants ?

BS : Il y a des rôles. Il y a des rôles pour lesquels, tout à coup, ce qui était en bas se met à monter, ce qui semblait en haut se met à descendre, c'est vachement compliqué. Ça bouge tout le temps. C'est dramatique au meilleur sens du mot, c'est plein de péripéties et c'est d'ailleurs pour ça que c'est très excitant, que ça donne, quand même, des raisons d'espérer. Parce que c'est aussi une vraie raison de la philosophie : il faut donner des raisons d'espérer. Faire de la philosophie sans espérer est impossible. Alors, la question devient : qu'est-ce que peut être l'espoir dans l'immanence ? Ça, c'est un sujet. Un sujet sur lequel on ne peut se contenter de dire « Dieu et mort », hop, passons à autre chose. Non, ce n'est pas vrai : les questions théologiques, elles reviennent. En disant ça, je ne fais pas du tout un retour vers le religieux et tout ça. Moi, je suis absolument, je crois, immunisé contre ce genre de machin ; mais, en revanche, les structures… c'est pour ça que je me sers un peu des travaux de François Hartog, historien du présentisme[4], qui a travaillé sur le fait que l'apocalyptique c'est le genre historique caché. Enfin, c'est moi qui le dis comme ça. Mais je pense qu'on ne neutralise pas l'apocalyptique, on ne peut pas. Il faut recommencer à penser l'inespéré au sens d'Héraclite, et donc cette question de l'espoir qui ne passe pas forcément par la rédemption – il n'y a pas de rédemption chez Héraclite. Mais il y a quand même de l'inespéré, donc de l'espoir. Et de l'inespoir, voilà.

MBK : Pour ma part, c'est vrai que cette question, je l'ai métaphorisée par Kierkegaard, l'éternel adolescent de la philosophie, et Marx, l'immédiatement adulte. Longtemps, j'ai été écrasé par la philosophie, c'est-à-dire que je ne me sentais pas digne d'en faire,

---

4   François Hartog, *Régimes d'historicité. Présentisme et expériences du temps*, Paris, Points, coll. « Histoire », 2015 (rééd.).

je trouvais que mes objets théoriques n'étaient pas à la hauteur. C'est comme ça que j'ai vécu mon propre chemin de quasi-cause, j'ai dû moi aussi me rendre digne de ce qui m'arrivait. Si je me suis enfoncé aussi loin dans cette solitude, mais ce n'est qu'aujourd'hui, au sens strict, que je m'en rends compte, c'est que j'avais besoin que quelque chose soit assez mûr dans l'ordre du concept, pour faire de la politique. Mais pas avant, parce que je ne voulais pas raconter n'importe quoi. La politique étant le domaine par excellence où l'on raconte n'importe quoi, les philosophes les premiers. En ce moment, ça passe par une réexplication avec Debord, qui a beaucoup compté pour moi quand j'étais adolescent, et qui compte à nouveau beaucoup, c'est-à-dire que je le relis d'une tout autre façon que je ne le lisais quand j'étais adolescent et jeune homme. Je pense beaucoup à cette question consistant à créer des situations. Donc, je vais arrêter de rester dans mon coin, ça c'est sûr, je vais m'engager dans des choses, mais pas un engagement au sens du militantisme classique. Vraiment, cette intuition des situs, créer des situations pour produire une événementialité politique, nommément Mai 68, je pense que c'est complètement à reprendre aujourd'hui, qu'il y a mille choses à faire, avec des artistes et pas seulement avec des philosophes et des intellectuels. Voilà, je pense beaucoup à ça en ce moment.

Le rôle de l'institution

BS : Je voudrais tout de même revenir sur l'institution et cette obligation de parler, que tu évoquais, Mehdi. Je redis ce que j'affirmais au début de notre conversation : je suis pour les institutions. Ce que je voudrais, c'est créer de nouvelles institutions. L'Institut de Recherche et d'Innovation, qui travaille avec l'Université de Dublin, l'Université de Durham, l'Université de Berkeley, l'Université de Tokyo, l'Université de Londres, etc., c'est archi-institutionnel. Mais, ce ne sont pas des institutions au sens des institutions françaises. C'est-à-dire que ce n'est pas une institution qui réclame sans cesse des droits, des trucs, des machins sans se demander à quoi elle sert. Bien évidemment, je ne dis pas ça pour servir la soupe aux néolibéraux qui sont mes ennemis. Je combats le néolibéralisme et tout ça.

Ce que je veux dire par là, c'est que, eh bien oui, j'essaie de créer ce que j'appelle un nouveau circuit de transidividuation. Ce nouveau circuit suppose, j'ai dit pourquoi dans *Le Temps du cinéma*[5], ce que j'appelle de nouveaux dispositifs rétentionnels. Ces nouveaux dispositifs rétentionnels, ce sont des institutions. Les institutions peuvent s'appeler l'Église, le chaman, tout ce qu'on voudra. De toute manière, il n'y a pas de société sans institution, nous sommes dans une société qui trouve son origine dans l'histoire gréco-juive, disons. Les juifs aussi créent aussi des institutions, le judaïsme c'est aussi l'institutionnalisation de la Bible. On ne peut pas neutraliser ces questions. Aujourd'hui, le danger est de remplacer ces institutions, qui produisent ce que j'appelle des exorganismes complexes supérieurs, qui sont capables de produire du néguanthropologique, de la noèse, de la bifurcation, de l'incalculable, par des machines qui créent le désert automatique où tout est calculable, où tout s'épuise, où il n'y a plus d'être vivant.

J'ai fait un rêve cette nuit. J'ai fait un rêve incroyable. Mais vraiment incroyable. J'ai rêvé qu'il y avait des répliquants. Que *Blade Runner*, on y était, et qu'en plus ça s'appuyait sur *mes* travaux ! Il y avait des répliquants qui venaient me voir et me disaient « nous sommes des résultats de ton travail » (*rires*).

MBK : L'arroseur arrosé…

BS : Et je leur disais que, pas du tout, vous n'avez rien compris à mon travail ! Mais, en plus, ce n'était pas un cauchemar. J'étais stupéfait, mais je n'étais même pas dans un mauvais rêve. J'étais dans une espèce de *stupéfaction* : « mais comment est-ce possible ? ».

Je ferme cette parenthèse. Moi, je combats ça, parce qu'une institution c'est ce qui est là pour toujours protéger ce qui n'est pas calculable. L'institution a toujours à voir avec quelque chose de l'ordre de la sacralité, d'une manière ou d'une autre. Je ne suis pas schmittien, je ne suis pas luh-mannien, je m'en méfie beaucoup, mais par contre sur ces registres ces gens-là posent des problèmes qu'il va bien falloir revisiter. Sans se contenter de la

---

5   Il s'agit du 3e tome de *La Technique et le Temps*.

194

manière dont Lyotard envoie Luhmann paître. Je pense que c'est très bien, mais qu'on ne peut plus se contenter de ça. Je crois que tout ça pose à nouveaux frais la question de la transmission, la question de l'éducation. J'aimerais bien terminer en parlant de *Youth for climate*. Dans le prochain livre que je publie[6], j'ai décidé que dans le premier paragraphe, ce seraient eux qui s'exprimeraient à ma place. Car c'est quand même incroyable ce qu'a publié *Youth for climate*, en France, dans l'appel à la grève du 15 mars sur le climat, c'est impressionnant ce qu'ils ont dit. Et pourtant, personne ne l'a commenté. C'est incroyable. En plus, ils ont une espèce d'humilité, ils demandent, ils disent : « aidez-nous ! On veut apprendre ! Transmettez-nous des choses ! Arrêtez de vous foutre de notre gueule ! ». C'est extraordinaire, ça. Quand on compare la jeunesse de 68, dont j'ai fait partie, et la jeunesse d'aujourd'hui, c'est extraordinaire.

MBK : C'est une demande de transmission, c'est vrai que 68, c'était un peu le meurtre du père symbolique et… là, c'est une demande de père. C'est une révolte d'orphelins.

BS : 68 c'est « Althusser-à-rien » (*rires*), le slogan de Nanterre. Alors que ce que disent ces jeunes gens c'est : « mais, est-ce que vous servez à quelque chose ? Mettez-vous à travailler, un petit peu, quoi ». Je pense qu'il y a là quelque chose de très fondamental. Par rapport aux questions que tu posais, Michaël, moi je les situe là-dedans, elle est incroyable cette situation, et elle est mondiale. Ce n'est pas qu'en France, ce n'est pas qu'en Allemagne ou en Belgique, c'est en Australie, c'est aux États-Unis… en Chine c'est un peu différent, mais je suis certain qu'il y a quelque chose qui mijote aussi à cet endroit-là, je ne parle pas de Honk Kong… Et c'est très, très important.

MC : Nous terminerons sur cet espoir, sur cette écoute de la jeunesse dont l'élan actuel rappelle la philosophie à son rôle de transmission. Merci à vous, Bernard, Mehdi, pour cet échange. On a

---

6   Bernard Stiegler, *Qu'appelle-t-on panser ?*, t. 2. *La Leçon de Greta Thunberg*, *op. cit.*

brassé un grand nombre de thèmes. Les discussions étaient riches, il y avait une cohérence. J'en suis ravi.

BS : Merci à toi.

MBK : Merci à toi.

Table

Nous avons conversé dehors, malgré tout   5

Première Partie
Au commencement était la crise
    Éprouver la crise pour l'enregistrer   13
    Conceptualiser la crise pour l'affronter   32

Deuxième Partie
La tâche critique de la philosophie
    L'héritage critique et sa nécessaire transformation   57
    La réflexivité critique   80

Troisième partie
Le sens de l'histoire
    Historicité de la philosophie   89
    La philosophie face au nihilisme   121

Quatrième partie
Pratiquer la philosophie
    La production des concepts   149
    Devenir systématique   169

Conclusion
L'enjeu de la philosophie   185